ÉPITRE

EN VERS

A BOUFFÉ

Imprimerie Lange Lévy et Comp., rue du Croissant, 16.

ÉPITRE

EN VERS

A BOUFFÉ

ARTISTE DU THÉATRE DU GYMNASE

PAR ARNAL

ACTEUR DU THÉATRE DU VAUDEVILLE.

Paris

CHEZ CH. TRESSE, SUCCESSEUR DE J.-N. BARBA, LIBRAIRE
Palais-Royal, derrière le Théatre-Français.

1840

Après avoir, dans cette Epître, rendu hommage au talent de notre excellent BOUFFÉ, je me suis trouvé naturellement induit à jeter un coup d'œil rapide sur toute une carrière d'acteur. J'ai voulu, pour les gens du monde et surtout pour ceux qui se destinent à la scène, faire une esquisse de la vie de théâtre.

« . . . . . . O jeune débutant !
» Ouvre les yeux enfin sur le sort qui t'attend.
» Quand, par un doux espoir, tu te laisses séduire,
» Mes vers sont un fanal qui prétend te conduire.
» Trop heureux si j'ai pu, guide expérimenté,
» Sur un sombre chemin jeter quelque clarté. »

ÉPITRE

A BOUFFÉ.

Bouffé, dans le transport dont mon ame est saisie,
Je mêle à mon hommage un peu de poésie;
C'est pour toi seul, ami, que je me fais auteur,
Accueille en souriant ma muse d'amateur.

Ne crains pas que je veuille, en ma fièvre lyrique,

Faire de tes talens un long panégyrique;

Cette tâche, pourtant, serait douce à remplir,

Et je sais le moyen de pouvoir l'accomplir.

D'abord je transcrirais tout ce que j'ai su lire

Dans l'œil du spectateur que tu mets en délire,

Qui voit, dans un mérite aussi pur que le tien,

De l'honneur du théâtre un glorieux soutien;

Puis, de la rénommée empruntant la trompette,

Je redirais les mots que la foule répète;

Je peindrais, s'il se peut, l'allégresse des cris

Que poussent devant toi la province et Paris;

Ces rapides progrès que pas un ne conteste,

Ces succès si brillans que chaque jour atteste

Ce chorus général qui te fête si bien;

Car pour te proclamer un grand comédien,

Jeunes gens et vieillards, littérateurs, artistes,

Tout le monde est d'accord, même les journalistes.

Le goût les a guidés; fidèles à sa loi,

Ils ont eu le bonheur d'être justes pour toi;

Grace leur soit rendue ! En cela rien d'étrange,

Leur commun sentiment s'explique à ta louange :

A toi seul tout l'honneur de ta célébrité,

On n'a pu te flatter qu'avec la vérité.

A ton cœur l'amitié fut toujours nécessaire,

Cher Bouffé, tu connais son langage sincère;

Tu repousses bien loin ces froids admirateurs

Dont la bouche a toujours des mots adulateurs;

Oui, de l'encens tu fuis les vapeurs somnifères;

A de vains complimens je sais que tu préfères

L'ami qui vient chercher ta main pour la saisir

Et qui te dit : *Bouffé, tu m'as fait grand plaisir!*

Cette phrase est bien simple et n'est point hypocrite;

Non, elle part d'un cœur épris de ton mérite,

D'un cœur qui croit du moins être entendu du tien,
D'un cœur qui t'aime, enfin, d'un cœur comme le mien.

Je me souviens encor que dans sa polémique,
Discutant sur l'acteur et le genre comique,
Naguère un écrivain prétendit, sans raison,
Etablir entre nous une comparaison.
Je ne l'acceptai pas. Non, je sais me connaître;
Je suis trop loin du but que tu touches, mon maître!
Ton talent est trop vrai, d'un goût trop épuré,
Pour qu'il puisse jamais être au mien comparé.
Ai-je une historiette amusante à décrire,
Chez quelques spectateurs je provoque le rire;
On applaudit parfois aux efforts que je fais;
Mais combien tes succès, si beaux et si parfaits,
Sont différens des miens! Toi, c'est l'art qui t'enflamme;
Oui, c'est le feu sacré qui brûle dans ton ame. [2]

De tes mobiles traits la juste expression

Commande en souveraine à notre émotion.

Lorsqu'en scène je vois ton ame ainsi guidée,

Jusques à ton labeur j'élève mon idée;

Car je sais tout le soin qu'en secret t'a coûté

Ce mot, ce simple mot, dit avec vérité;

Mais en nous le public ignore un tel martyre.

Peut-être pense-t-il, ce public qui t'admire,

Qu'un jeu si naturel au travail ne doit rien ;

Oh! qu'il se tromperait! RACINE, on le sait bien,

Rencontrait à ses vœux, les muses peu dociles,

Et difficilement faisait des vers faciles.

Combien d'acteurs, trompés dans leur illusion,

D'être comédiens ont eu l'ambition

Et n'ont pu nous montrer que des talens minimes.

Acteur, comédien, ne sont pas synonymes ; [3]

Tous deux également ne sauraient émouvoir.

Or, qu'est-ce qu'un acteur? Si l'on veut le savoir,

Six mille d'entre nous se chargent de l'apprendre; [4]

Mais un comédien, qui pourrait s'y méprendre?

C'est celui qui nous peint avec ame et chaleur

D'un caractère vrai la brillante couleur;

Qui, d'un geste, d'un ton, toujours plein de sagesse,

D'un mot, parfois banal, fait jaillir la finesse;

Qui, par un naturel que l'étude a formé,

D'un profond sentiment nous paraît animé; [5]

Qui, dans la passion dont il est l'interprète,

Abandonne son cœur et conserve sa tête. [6]

C'est l'acteur possédant la gaîté de POISSON,

La verve de PRÉVILLE et le tact de SAMSON; [7]

Qui, l'ame palpitante et de joie et d'alarmes,

Sait faire, tour à tour, rire et verser des larmes;

Ajoute avec esprit à l'esprit de l'auteur,

Et qui, disant MOLIÈRE, en comprend la hauteur;

Dont, enfin, le talent, plus pur dans chaque ouvrage,
Obtient des gens de goût l'honorable suffrage.
Tel fut notre POTIER que tu compris si bien;
Sérieux ou bouffon, toujours comédien,
Léger fat, lourd conscrit, débile centenaire,
Bourguemestre bien sot, rusé sexagénaire,
Sombre père sournois et Werther langoureux,
Pour nous il a créé tous ces types heureux!
Au théâtre on connaît sa glorieuse histoire.
Dans les rôles nombreux d'un brillant répertoire,
A la perfection que de fois il touchait!
A chacun d'eux il mit son précieux cachet.
Je t'ai vu, cher BOUFFÉ, t'élancer sur ses traces,
Et de ce grand acteur, qu'aujourd'hui tu remplaces,
Nous te reconnaissons, copiste original,
Digne d'être à la fois l'émule et le rival.

Ami, toute existence en ce monde lancée

A son but désigné dont la route est tracée,

Et prévoyant le sort qui dût être le tien,

Le ciel, en te créant, a dit : *Comédien.*

Dans le choix enfantin des jeux à ton usage,

Déjà de tes talens on vit l'heureux présage.

J'applaudissais en toi l'élan passionné,

Et bien avant JANIN je t'avais deviné.

Tandis que s'écoulait ta jeunesse folâtre,

Moi, j'étais malheureux, je souffrais; le théâtre,

Où l'on ne m'a pas vu porté par le désir,

M'offrit une ressource et non pas un plaisir.

A ce sujet, permets qu'ici je te confie

De ton meilleur ami l'humble biographie;

Dans un style naïf, exempt de vanité,

Je ne prétends en rien farder la vérité.

Je pourrais bien, cédant à l'humaine faiblesse,

Dire : « Mon père était d'une grande noblesse,

» C'est par égard pour lui, magistrat en renom,

» Qu'au théâtre jamais je n'ai porté son nom.

» Le peuple révérait ses hauts faits juridiques,

» On citait à la cour ses titres héraldiques ;

» Pourtant, dans mon désir d'être comédien,

» Je méprisai bientôt ses honneurs et son bien ;

» A vingt ans, par un trait dont l'histoire fourmille,

» Comme un jeune étourdi je quittai ma famille ;

» Et poussé vers Paris par mon ambition,

» J'y vins pour obéir à ma vocation.

» Mon père, courroucé, se prit à me maudire,

» Ma noble mère, hélas ! eut beau faire et beau dire,

» Rien ne le put fléchir, son courroux persista :

» Après m'avoir maudit, il me déshérita.

» Qu'il garde donc pour lui sa richesse importune ;

» Chez moi l'amour de l'art compense la fortune ;

» Qu'on sache que l'artiste, *ainsi que le guerrier,*

» *A tout l'or du Pérou préfère un beau laurier.* »

Laissons de ce récit l'imposture insensée,

Et de ton pauvre Homère écoute l'Odyssée.

Ne va pas m'en vouloir ni me déprécier,

Je suis tout simplement le fils d'un épicier.

Mon père, si j'en crois les gens du voisinage,

Faisait avec ma mère un fort mauvais ménage;

L'un de l'autre, un beau jour, voulut prendre congé:

Dans le lot maternel je me vis adjugé.

Mon esprit incertain, sans but et sans envie,

Avec insouciance envisageait la vie;

Je ne pressentais pas qu'un destin rigoureux

Me comptât sans pitié tant de jours malheureux!

Je n'eus dans mon enfance aucun doux privilége;

Elevé pauvrement, loin des murs du collége,

Un frère ignorantin, vu l'esprit qu'il avait,

En assez peu de temps m'apprit ce qu'il savait.

Bientôt mon cœur battit *dans ma poitrine d'homme*,

J'étais, à quatorze ans, soldat du roi de Rome ;

Et puis, sans y trouver un sort beaucoup meilleur,

Je devins tour à tour pupille et tirailleur ; [8]

Je subis du troupier la vie aventureuse,

Et son dur esclavage et sa misère affreuse ;

Eloigné de sa mère, hélas ! je sais l'ennui

Qu'éprouve un jeune cœur sans guide, sans appui;

Au milieu des périls, des camps, de la mitraille,

Je sais l'émotion qu'offre un champ de bataille ;

En proie à la tristesse, aux pleurs, je sais, enfin,

Tout ce qu'on peut souffrir du froid et de la faim.

C'est alors que frappant des enfans aimés d'elle,

On vit à nos guerriers la victoire infidèle,

Que l'empire tomba sous l'Europe en émoi,

Et qu'une ère nouvelle a commencé pour moi.

Oh! quand je vis ainsi notre gloire flétrie,

Et craquer sous mes pas le sol de la patrie;

Fatigué de combats, ne recevant toujours

Pour prix de ma valeur qu'un sou tous les cinq jours,[9]

J'abdiquai l'héroïsme, et j'eus, en bonne forme,

Mon congé de soldat : je quittai l'uniforme ;

Nouveau Cincinnatus, le front ceint de lauriers,

Je revins sans orgueil dans mes humbles foyers.

J'étais pauvre, mais libre, et j'avais du courage ;

Chez quelques fabricans je cherchai de l'ouvrage.

L'un d'eux avec bonté m'ouvrit son atelier,

Et pour vivre, soudain je me fis boutonnier.

A des jours consacrés pour se mettre en goguette,

Tous mes nouveaux amis allaient à la guinguette;

Moi, pour d'autres loisirs je me sentais dispos :

Les théâtres avaient mes instans de repos.

Chez Doyen, dont encor plus d'un élève brille,

D'honnêtes artisans s'amusaient en famille;

Là, je vis dans leurs jeux un plaisir tentateur,

Et j'y fis mes débuts en artiste amateur;

Pour moi tout était bon, opéra, comédie;

Mais j'affectionnais surtout la tragédie;

J'espérais sur des pleurs y fonder mes succès.

De quel indigne prix on paya mes essais!

Je n'ai point oublié cette fatale date.

Nous étions chez Doyen; je jouais *Mithridate*;

Du fougueux roi de Pont, l'ennemi des Romains,

Je peignais les fureurs et des pieds et des mains;

Mon public fut saisi de ce rire homérique

Qui charmait tant les dieux sur leur montagne antique;

La pièce était finie et l'on riait encor

De mon nez, de ma barbe et de mon casque d'or.

Un tel effet conquis dans les rôles tragiques

Semblait me destiner à l'emploi des comiques;

Aussi, dès ce moment, se trouvant bien jugé,

Mithridate devint *Jocrisse corrigé.* [10]

De ces joyeux instans l'ouvrage était la source,

Il vint à me manquer. Me voilà sans ressource,

Déjà la faim me presse; inactif ouvrier,

Que devenir?... Faut-il se faire encor troupier?

Inquiet et rêvant au plan qu'il fallait suivre,

A l'emploi qui pourrait me donner de quoi vivre,

Il vint à ma mémoire un bravo de Doyen.

Eh! ne puis-je donc pas faire un comédien?

M'écriai-je. Après tout, qu'on me blâme, qu'importe,

Je n'ai pas de talent, mais *la paie* est plus forte

Pour un mauvais acteur que pour un bon soldat;

D'ailleurs me reste-t-il le choix d'un autre état?

Non. Après cela dit, je cours au domicile

Du directeur BRUNET, l'accès en est facile;

Il consent aussitôt à m'entendre, à me voir ;

Là, j'expose en tremblant mes projets, mon espoir ;

Le bonhomme à mes vœux s'empresse de souscrire,

Mon air un peu niais, je crois, le fit sourire ;

«Je vous reçois, dit-il, d'un ton des plus moqueurs,

» Dès demain vous pouvez débuter…dans les chœurs.»

O sort, j'éprouve enfin ta bonté manifeste !

Choriste ! c'est l'emploi d'un écolier modeste,

Mais c'est un premier pas pour arriver au but,

Tel qui brille a souvent fait un obscur début.

J'ai donc subi les lois de diverses fortunes ;

Chez nous autres acteurs ce sont choses communes ;

Et tu sais qu'à la scène on cite avec honneur

Tel que l'on vit jadis lapidaire ou tanneur.

Notre excellent PRÉVILLE, avant d'être au théâtre,

Etait goujat, marchand de figures de plâtre ;

Vizentini marin, Legrand passementier;
Dans un clerc de notaire on a pu voir Potier;
Talma, notre Talma ne fut-il pas dentiste?
Et pourquoi l'artisan exclurait-il l'artiste?

M'y voici donc enfin. D'un regard ingénu,
J'observe un nouveau monde où tout m'est inconnu.
Quel désappointement à l'aspect des coulisses!
La pompe des décors, les acteurs, les actrices
Ne captiveront plus mon admiration;
Au théâtre à jamais je perds l'illusion!
Chacun abandonnant l'habit qui le déguise,
Revient à sa nature et s'exprime à sa guise;
Or, je prête l'oreille et j'avance d'un pas,
J'entends des mots d'argot que je ne comprends pas;
Chez tous ces orgueilleux quel ton! quelle jactance!
Comme on est ridicule à force d'importance! "

Là, c'est de la sottise un sot imitateur

Qui se fait appeler *artiste* au lieu d'*acteur*,[12]

Et dont l'esprit encor dépourvu de lumières,

Ignore de son art les notions premières ;

Ici, c'est la beauté, dont j'aimais la pudeur,

Qui, par de gais propos, étonne ma candeur ;[13]

De tous côtés pour moi c'est un spectacle étrange.

Là, ce sont des auteurs qui chantent la louange

D'un confrère qui tombe, et se font un plaisir

De censurer celui qui vient de réussir ;

Mais des comédiens surtout la jalousie[14]

Montre envers le talent sa lâche frénésie,

On hait avec ardeur dans ce monde envieux,

La palme est à celui qui déchire le mieux.

Moi qui suis humblement élu nouveau choriste,

Je crains peu les clameurs de la gent humoriste,

La paix règne à peu près parmi les figurans ;

Tant qu'on a pu me voir dans leurs modestes rangs,

Sur mon compte qui donc aurait voulu médire?

Mais sur la scène, un jour, j'eus quelques mots à dire;

Plus tard, portant mes soins à des rôles nouveaux,

Je reçus du public de bienveillans bravos;

Dès lors, j'ai des jaloux compté les coteries,

Ils m'ont lancé le fiel de leurs clabauderies;

Car des moindres succès ces messieurs ont horreur.

A quiconque en obtient, leur stupide fureur

Prouve qu'elle a pour nuire un zèle opiniâtre;

Tu le sais, cher Bouffé, c'est l'usage au théâtre,

Jusqu'à nos heureux jours il s'est perpétué;

Pour moi, depuis long-temps, j'y suis habitué,

Tous les cris des *rageurs* ne me font point offense;

Parfois, je l'avouerai, je songe à ma défense,

Et ne dédaigne pas de répondre à leurs coups;

On apprend à hurler, dit-on, avec les loups;

Ma résignation en cela fut subite:

Il faut se faire aux mœurs du pays qu'on habite;

Où diable en serait-on si, toujours insoumis,

L'on ne savait pas vivre avec ses ennemis.

Toi, ces traits envieux tu ne dois pas les craindre;

Car il est des hauteurs qu'ils ne peuvent atteindre ;

D'ailleurs d'un saint respect tu restes entouré,

A tous les yeux, ami, le génie est sacré.

Vois en littérature, au temps des romantiques,

On a voulu saper nos gloires dramatiques,

Le fanatisme a cru qu'il les ferait broncher,

Mais à notre Molière il n'osa pas toucher.

Dans cet art où déjà j'ai passé vingt années,

Où tu sus conquérir de belles destinées,

Le désir de briller noblement m'excita,

Mon courage fut grand. Dieu sait ce qu'il tenta!

Mais malgré tous mes soins, mes veilles et ma peine,

De mon ambition l'espérance fut vaine ;

Au but qu'avec orgueil le talent a marqué,

J'ai voulu parvenir, les forces m'ont manqué,

Et des comédiens qui restent sur la route,

Mon nom grossit la liste ; il est pâle sans doute,

Les Janin, les Briffault, sans trop se courroucer,

D'un trait de plume un jour pourraient bien l'effacer ;

Peut-être y songent-ils ; mais ma voix téméraire

Implorant humblement la Thémis littéraire,

Dirait : pour des acteurs zélés, intelligens,

Par pitié, messeigneurs, montrez-vous indulgens ;

Là, pour vous amuser, ce bouffon qui s'enrôle,

S'applique un bien long temps à méditer son rôle ;

Plus que vous ne pensez sa méditation

Pèse un geste, un coup d'œil, une intonation ;

Il croit avoir trouvé pour les masses rieuses

Quelque côté plaisant aux choses sérieuses ;

Il tente d'imiter les risibles défauts

De celui qui toujours parle et raisonne faux ;

Qui, d'un air satisfait et d'un ton énergique,

Vient nous crier à tous : *Eh! messieurs, c'est logique!*

Plus que vous ne pensez, pour peindre la gaîté,

Il observe en tous lieux, cherche la vérité ;

Il consulte cent fois dans sa bibliothèque

Molière, Labruyère et Montaigne et Sénèque :

Il tâche, en composant un niais vif et gai,

D'être plaisant parfois, mais toujours distingué ;

Du bon goût qu'il chérit, du public qu'il révère,

A-t-il jamais enfreint la loi juste et sévère ;

Malgré les libertés qu'on donne à son emploi,

Il ne hasarde point un mot de bas aloi ;

Il sait que le regret punit qui s'en avise,

Que la perfection jamais ne s'improvise,

Et ces secrets de l'art qui vient à son secours,

Il prétend les trouver *en y pensant toujours.*

Pour réussir un peu, chaque heure de sa vie
D'un pénible travail est aussitôt suivie.
Ah! Si pour tant d'efforts il n'est pas couronné,
Qu'on lui sache au moins gré du mal qu'il s'est donné.
Vous, oracles du goût, ne cessez point d'écrire
Sur ce pauvre bouffon qui veut vous faire rire;
Mais contre lui songez, quand vous vous animez,
Que si vous avez ri, vous êtes désarmés. [15]

Combien voit-on de gens, que l'erreur accompagne,
Supposer qu'au milieu des femmes, du champagne,
Nous goûtons un bonheur délicieux, parfait.
En vain nous réclamons, le monde est ainsi fait :
Il pense qu'avant tout, le séjour des coulisses
Est un nouvel Eden, le jardin des délices;
Où notre ame engourdie et nos sens enchantés
Savourent de l'amour les mille voluptés,

Et qu'on y passe enfin, dans la vie extatique,

Les jours de soie et d'or d'un prince asiatique.

Dans son enthousiasme, un jeune spectateur

S'écrie : « Ah! c'en est fait, oui, je veux être acteur!

» Quel triomphe! Pouvoir, honneur de la soirée,

» Recueillir les bravos de la foule enivrée,

» Des femmes provoquer les soins compatissans,

» Diriger à son gré le trouble de leurs sens ;

» Je veux que les cent voix de la presse animée

» S'occupent de ma gloire et de ma renommée,

» Et que voyant l'hommage à mes pas attaché,

» Plus d'une actrice aimable en ait le cœur touché.

» Je pourrai donc goûter cette béatitude[16]

» Que donnent aux acteurs tous les momens d'étude.

» Je me voue à cet art des dieux favorisé,

» Pour ces études là le courage est aisé,

» On chérit un travail qui jamais n'importune ;

» Le théâtre est à moi ; gloire, amour et fortune

» Sont dans mon avenir les biens que j'entrevois ! » [17]

— Insensé ! que dis-tu ! viens, écoute ma voix,

Et souffre, quand tu peins cette ivresse touchante,

Que la vérité pure ici te désenchante. [18]

De tous les arts dont l'homme est né l'admirateur,

L'art le plus difficile est celui de l'acteur ; [19]

Il faut pour l'exercer l'assemblage trop rare

De mille qualités dont le ciel est avare,

Et surtout un courage assez grand pour braver

La peine et les dégoûts qu'il nous fait éprouver.

Toi qui n'as dans cet art aucunes connaissances,

Et qui crois y puiser de douces jouissances,

Une étude amusante, un triomphe assuré ;

Quitte le faux espoir où tu t'es égaré ;

Dans l'essor que tu prends, ah ! d'une voix qui t'aime

Apprends à redouter jusqu'au succès lui-même !

La réputation sans doute fait honneur,

Mais elle n'est jamais compagne du bonheur.

Pour goûter celui-ci dans une paix profonde,

Il faudrait se tenir loin des gloires du monde;[20]

Dans cette alternative à qui donc résister?

Je sais que les grands cœurs ne peuvent hésiter.

De toi pour le théâtre un noble amour s'empare,

Mais crains dans l'avenir les maux qu'il te prépare.

Médiocre ou fameux, par d'horribles soucis

Tu seras accablé; car si tu réussis

Tu connaîtras bientôt les effets de l'envie;

Si tu tombes, voilà des remords pour la vie;[21]

Ainsi donc chaque pas offre à tes yeux surpris

Deux écueils dangereux : la haine et le mépris.

Je veux admettre en toi la raison la plus saine,

Le désir véhément de briller sur la scène,

Un esprit cultivé, du jugement, du goût,

La sensibilité qu'il faut par dessus tout,

Ce fameux *diable au corps* qui brûle, qui transporte,

Qui du temple sacré nous fait ouvrir la porte.

Au but tant désiré te voilà parvenu,

Entre donc libre et fier, et sois le bien venu.

Au public tu prétends, ô jeune téméraire,

Qu'avec un peu d'audace on est certain de plaire;

Tu débutes... tu vois, dès tes premiers essais,

Le but plus éloigné que tu ne le pensais;

Les applaudissemens que tu croyais entendre,

Hélas! il te faudra quelque temps les attendre :

Les journaux ne sont pas si prompts à t'admirer,

Et nulle femme encor ne songe à t'adorer;

Tout le monde envers toi montre un esprit caustique;

La presse avec ardeur exerce sa critique ;

Elle te semble injuste, elle peut t'affliger,

Cependant garde-toi de te décourager ; [22]

Cela n'est rien. Travaille ; et si tu persévères,

Tu pourras rencontrer des juges moins sévères.

Bientôt le directeur, en homme vigilant,

Et qui fait peu de cas de ton jeune talent,

Vient pour te dépouiller, sans nulle déférence,

D'un rôle où tu plaçais ta plus chère espérance,

Ami, de ta douleur dissimule l'excès ;

Il faut baigner de pleurs le chemin des succès ;

Aux chances du théâtre, alors qu'on s'abandonne,

Le public vend bien cher les palmes qu'il nous donne.

Tu t'es flatté trop tôt d'un triomphe à venir ;

Il faut compter dix ans avant de l'obtenir. [23]

Crois-tu donc que BOUFFÉ, s'échappant de l'école,

De sa gloire ait soudain vu briller l'auréole ?

Oh ! non. De tristes jours et de plus longues nuits,

Pourraient nous attester ses travaux, ses ennuis ; [24]

Et quoiqu'il fut habile à bien remplir sa tâche,

Ce n'est qu'après dix ans d'études sans relâche,

Qu'il nous peignit si bien, dans ses rôles chéris,

L'esprit joyeux et franc du *Gamin de Paris*,

Du bon *Michel Périn*, la candeur attachante,

De *Pauvre Jacque* en pleurs la misère touchante,

De l'artiste *Clermont* la prodigalité,

De *Trim* le dévoûment, l'enivrante gaîté,

De *Grandet* aux abois la sordide avarice,

La générosité du vertueux *Maurice*;

Ah! combien ces portraits sont pleins de vérité!

De tant de naturel et de variété,

Un soin laborieux est la source féconde.

Ainsi donc, dans dix ans, si le ciel te seconde,

Pour prix de tes efforts, de ton travail constant,

Tu pourras recueillir un triomphe éclatant.

Mais en vain, d'ici-là, l'espoir en toi va naître,

Que de déceptions il te faudra connaître!

La fortune, il est vrai, peut te sourire un jour,

Mais tu dois renoncer à tes rêves d'amour.

Parmi nous au théâtre, ami, je le déclare,

Une amoureuse flamme est une chose rare ;

Les différens avis dans les discussions,

La piquante chaleur des observations,

Dans son ensemble enfin l'âpreté de l'étude,

De notre ame souvent bannit la quiétude ;

Après plus d'un débat qui vient nous animer,

On songe à se haïr beaucoup plus qu'à s'aimer.

Mais laissons là les torts de ton imprévoyance ;

Je vois que ton esprit ne perd pas confiance,

Sur la scène où tu viens porter tes pas tremblans,

Plus d'un progrès se mêle à tes premiers élans,

Le public t'applaudit, cet accueil te rassure,

Les gestes sont meilleurs et ta voix est plus sûre ;

Mais dans un nouveau rôle aujourd'hui tu déplais,

Nous te voyons pâlir... et pour quelques sifflets

Tu te livres soudain à des transports de rage.
Pourquoi ces cris, jeune homme? arme-toi de courage.
— Non, c'est trop, nous dis-tu, c'est trop s'humilier,
Se vouer à la honte! Ah! quel affreux métier!
A mes rôles ainsi quand nuit et jour je pense,
De mes pénibles soins voilà la récompense
Mais cet ignoble bruit m'avilit, me confond,
Je ne sais si je dois en supporter l'affront;
Contre une faible pièce un sifflet qui résonne,
Du pauvre auteur du moins respecte la personne;
Mais nous, c'est à la face... Ah! quelle indignité!
— Tout doux, mon jeune ami, modère ta fierté
Siffler un fade ouvrage est chose méritoire,
Mais jamais son auteur ne s'offre à l'auditoire;
Pour l'acteur, n'est-ce pas de lui qu'il fait trafic?
Il livre sa personne aux regards du public;
On peut siffler sa voix, sa figure, son geste;
Son talent, c'est lui-même; et d'un nouvel Alceste

Bien à tort, selon moi, tu prends ici le ton :

Et ne sais-tu donc pas, mon moderne Caton,

Qu'un acteur, par état, brave avec impudence

La dignité de l'homme et son indépendance ?[26]

Tu pris avec amour cette profession,

Subis donc les rigueurs de sa condition ;

Accoutume ton ame à des maux qu'elle ignore,

Et ménage tes pleurs, il faut souffrir encore !

Un jour tu veux *soigner* la répétition,

(C'est le terme technique), ô malédiction !

Ces dames, ce jour-là, parlent de leurs dentelles,

De fichus, de rubans et d'autres bagatelles ;

On est interrompu ; toi, pour cette rumeur,

Tu viens de témoigner quelque mauvaise humeur ;

C'en est fait, à leurs yeux tu seras détestable ;

Pour elles tu n'es plus qu'un homme insupportable.

Voici le lendemain. Tout va donc mieux aller.

Tu le crois, et déjà tu veux te signaler.

Arrive le portier tout chargé de missives ;

Ah ! ton espoir fait place aux douleurs les plus vives ;

Paul prévient qu'entraîné par un fâcheux hasard,

Il a passé la nuit au *cancan* de Musard;

Flore, à son grand regret, est encore inexacte,

Sa perruche chérie a pris la cataracte:

Elle attend le docteur. Lise est en ce moment

Occupée à chercher un nouveau logement.

De l'obstacle pas un n'a l'ame chagrinée ;

On ne répète pas ; on a sa matinée !

Toi seul, qui vois ainsi retarder tes progrès,

Tu laisses échapper des plaintes, des regrets ;

Dès lors à tous les yeux tu n'es que ridicule,

Sur ton compte à bas bruit l'épigramme circule,

Et chacun à l'instant de répéter en chœur :

«Laissons-là ce monsieur, c'est un *mauvais coucheur*.»

Vainement ta conduite est honnête et loyale,
On te hait, et la troupe au mépris te signale ;
Tu montres ta franchise en mainte occasion,
Voilà comme on se perd de réputation.
Ainsi d'un camarade insolent, inhabile,
Si le méchant vouloir échauffe un peu ta bile,
Si tous les sots abus ne sont pas de ton goût,
Pour un mauvais coucheur on te cite partout.
Mauvais coucheur ! par là, tu vois ce qu'on désigne,
C'est celui qui, par goût, par amour, se résigne
A prendre au sérieux l'art du comédien,
Et qui, cherchant le *mieux*, même en touchant le *bien*,
Dans de petits détails que l'artiste apprécie,
Sait se montrer soigneux jusqu'à la minutie. [27]
Aux yeux de bien des gens ceci n'est qu'embarras,
Le zèle porte ombrage à ceux qui n'en ont pas ;
Mais que *mauvais coucheur* jamais ne nous irrite,
C'est un nom qui n'est pas exclusif du mérite :

On applaudissait fort Tiercelin et Potier ;

On admirait pas moins et Perlet et Gonthier.

Ils étaient honorés : mais un fait est notoire,

Pour de mauvais coucheurs, ils passent dans l'histoire.

Nous comptons au théâtre aussi de bons enfans

Qui diffèrent beaucoup de ceux que je défends.

Le bon enfant se montre officieux, aimable,

Il veut tout ce qu'on veut, il ne trouve blâmable

Que cette extrême ardeur à conquérir pour bien,

La réputation de vouloir faire bien.

Selon lui le théâtre est là pour nous distraire,

C'est un amusement et non pas une affaire ;

Aussi nous paraît-il très faible dans son art,

Mais il est en revanche assez fort au billard.

Son esprit fugitif est goûté de nos belles ;

Il a nombre de fois soumis les plus rebelles ;

Entre-t-il sur la scène, il n'est plus triomphant,
On le siffle, c'est vrai; mais.... c'est un bon enfant.

Revenons donc à toi. Tu possèdes en somme
Toutes les qualités qui font un honnête homme.
N'importe. Sur le sol où tu veux t'implanter,
Vois par combien de gens on se fait détester.

Certain soir tu t'endors dans cette joie intime,
Que vient de te donner un succès légitime.
Quelqu'un frappe à ta porte : un journaliste auteur
De ton heureux talent se pose admirateur.
Il veut, dit-il, te lire une pièce assez drôle,
Où tu pourras fort bien remplir le meilleur rôle.
Il t'assure qu'il fait grand cas de tes avis,
Et tu n'as qu'à parler, ils seront tous suivis.

Toi, sensible à l'honneur de tant de confiance,

Tu promets tous les soins de ton expérience.

L'ouvrage est lu. Dès lors, tu vois avec regret

Qu'il est tout dépourvu de gaîté, d'intérêt,

Qu'il est sans naturel ; et tu le trouves même,

Dans ses meilleurs endroits, d'une pâleur extrême.

Tu soumets à l'auteur ton humble jugement ;

Il n'en dit pas un mot, sourit légèrement,

D'être ailleurs mieux compris il garde l'espérance,

Ferme son manuscrit et fait sa révérence.

Bientôt dans son journal l'admirateur écrit

Que ton jeu n'est pas bon, que tu manques d'esprit ;

Qu'un acteur sans esprit toujours en vain travaille,

Et que tous tes efforts ne feront rien qui vaille.

Cela n'est rien; poursuis, au chemin que tu fais,

De la lourde sottise admire les hauts faits.

Tu vois ce journaliste à la tête légère,

Offrant à des peureux sa feuille mensongère,

Oubliant, tout entier à la corruption,

L'esprit, la dignité de sa profession;

La honte le nourrit, sans scrupule dans l'âme,

Il vend effrontément le suffrage et le blâme ;

Donnons-lui, si l'éloge acheté nous est doux,

Quatre ou cinq francs par mois et sa plume est à nous.

Mais, en hommes sensés, tenons-nous à l'estime ?

Avons nous dans le cœur un orgueil légitime ?

Repoussons-nous la main qu'il nous tend lâchement?

Tu vois l'horrible excès de son emportement ;

C'est un être dont rien n'égale la furie ;

Il diffâme, il dénonce, il ment, il injurie,

Oui, mais avec mépris ses articles sont lus,

Il diffâme, il est vrai, mais il n'impose plus,

Et dans son impuissance il reste seul à plaindre.

Rions de son courroux, car il n'est point à craindre;

C'est un petit toutou que ce gros animal,

Il mord, mord tant qu'il peut, mais ne fait pas de mal.[28]

D'honorables censeurs il est une autre liste ;

Nous la connaissons tous. Hommage au journaliste

Dont la plume, étrangère à toute passion,

Écrit d'après son cœur et sa conviction.

On est pour l'estimer d'un avis unanime;

Car l'intérêt de l'art est le seul qui l'anime.

On peut s'enorgueillir de l'éloge qu'il fait,

Et sa critique même est encore un bienfait ;

Oui, sa haute raison nous guide, nous éclaire,

Il reprend nos défauts sans haine, sans colère;

Il sait que d'un journal un trait malicieux

Cesse d'être piquant s'il est injurieux ;

Et sa sévérité, qui n'offense personne,

Augmente la valeur des suffrages qu'il donne.

Malheur à tout acteur d'un sot orgueil épris,

Qui des sages conseils méconnaîtrait le prix;

Car d'un homme de goût la savante censure

Peut ouvrir des succès la route la plus sure.

Les suffrages d'en haut ne les récusons pas :

Sachons les mépriser, s'ils viennent de trop bas.

Un beau jour se présente à toi le chef illustre,

Le fier centurion des chevaliers du lustre. [29]

Il suppose qu'à lui tu peux avoir recours.

« Je méprise, monsieur, votre indigne secours,

» Dis-tu, si j'employais ce moyen que j'abjure,

» Au public comme à moi je croirais faire injure.

» Les applaudissemens, si j'en dois obtenir,

» C'est de mon talent seul que je les veux tenir.

» Des vôtres, je fais fi; celui qui s'en occupe,

» De sa ruse grossière est la première dupe;

» Ces suffrages payés, dans leur honteux excès,

» Attestent une chute et jamais un succès;

» Pour tout le monde ils sont devenus insipides;

» Ces êtres turbulens, dangereux et stupides, [30]

» Dont on voit chaque jour le nombre se grossir,

» Font tomber plus d'auteurs qu'ils n'en font réussir.

» C'est en vain qu'aveuglé sur eux on se repose,

» De leur bruit insolent le public s'indispose.

» Et qu'en résulte-t-il? Par des bravos flatteurs

» Tel encouragerait le zèle des acteurs,

» Qui, révolté de voir qu'un claqueur le persiffle,

» Cesse d'être indulgent, gronde, se fâche et siffle.

» De ce grossier jury blâme-t-on les arrêts,

» Ils ont à leurs côtés, à boxer toujours prêts,

» Des athlètes nerveux, de modernes-alcides,

» Soutenant leur faux droit de leurs poings homicides.

» Ainsi, mêlant l'insulte aux plus légers débats,

» Ils livrent le parterre à de sanglans combats.

» Ah! pour anéantir leur force menaçante,

» La police d'aujourd'hui serait-elle impuissante!

» Et par pitié pour l'art qu'ils viennent avilir,

» Cet usage odieux ne peut-il s'abolir!

» Si tous ces gens, objets de nos justes colères,

» Comme claqueurs n'ont pas mérité les galères,

» Que par analogie on leur applique au moins

» La loi qui de prison punit les faux témoins. [31]

» Certe, il fut une époque où pour eux c'était pire.

» Nous savons que jadis, dans le temps de l'empire,

» De ces perturbateurs les chefs les plus zélés,

» De Paris pour long-temps se voyaient exilés.

» Ah! que l'on chasse encor cette troupe automate,

» Et je retrouverai l'ame de *Mithridate ;*

» Transporté de bonheur, oui, je battrai des mains

» Quand mes yeux enchantés verront fuir les Romains.

» Mais que dis-je? après tout, leur tort est excusable;
» Et le sot qui les paie est le plus méprisable;
» C'est lui qui fait le mal et veut le maintenir.
» Pourquoi par des sifflets ne sait-on pas punir
» Ceux qui, perpétuant l'usage qu'on déplore,
» Du bon sens du public osent douter encore! [32] »

Le claqueur indigné du haut ton que tu prends,
Répond : « A peine ici, monsieur, je vous comprends,
» Vous voulez contre nous que le public sévisse?
» D'où vient donc ce dedain? L'offre de mon service
» A toujours la vertu de vous mettre en courroux ;
» Mais madame Saint-Ange est moins fière que vous,[33]
» Et jamais un scrupule aussi vain ne l'arrête;
» Témoin ce beau succès que pour elle j'apprête,
» Où nous devons doubler et nos cris et nos pleurs, [34]
» Puis la redemander, et lui jeter des fleurs; [35]

» Notre leçon est faite; elle a droit de s'attendre

» Aux bravos *spontanés* que nous ferons entendre.

» Il ne tiendrait qu'à nous, par un effort nouveau,

» De vous faire jouir d'un triomphe aussi beau;

» Nous vous l'offrons pour rien; mais vos dédains rejettent

» Ce qu'avec joie ici tant d'autres nous achètent; [36]

» Par qui vous veut du mal, vous êtes offensé,

» Moi, je vous veux du bien, et je vous ai blessé;

» On ne sait avec vous quelle route il faut suivre,

» Et vous êtes, monsieur, fort difficile à vivre. »

Il est d'ailleurs un point de consolation

Que touche seulement notre profession :

C'est que pour le public le talent qu'on dépense

Est à peine connu qu'il a sa récompense;

Cet avantage est grand, et pourtant dans notre art,

Ce suffrage soudain, on l'obtient par hazard.

Quand il a sur la scène un faible partenaire,

Un bon comédien au public peut déplaire;

Et souvent, dans l'élan qui va l'électriser,

Son interlocuteur vient le paraliser.[37]

Faut-il aussi parler d'un tort qui nous dégrade?

Des calculs ombrageux d'un mauvais camarade,

Qui, soit par jalousie ou par inimitié,

Des effets convenus fait manquer la moitié.

Qui, n'ayant rien à perdre à ce calcul funeste,

Omet habilement une réplique, un geste;

Et larron sans profit, quand il nous fait faillir,

Nous vole des bravos sans en rien recueillir.

C'est encore un chagrin de nouvelle nature.

Vous, qui dans les beaux-arts cultivez la peinture,

Ah! combien nous devons envier votre sort!

Votre inspiration est libre en son essor;

Jugeant de vos pinceaux la force où l'impuissance,

C'est votre talent pur qu'on blâme ou qu'on encense ;

Il paraît à nos yeux ce qu'il est en effet ;

Vos imperfections sont bien de votre fait.

Mais nous, pouvons-nous seuls jouer la comédie ?

Non. L'art veut que toujours ensemble on étudie :

Et le destin impose à l'acteur inspiré,

De vingt appuis divers le concours éclairé !

Or, si le zéle froid se mêle au zèle extrême,

Si l'inspiration n'est pas chez tous la même,

Un talent ne peut rien ; l'ensemble manque, il faut

Que tout le monde en masse en porte le défaut.

Le public est porté sans cesse à l'indulgence :

Nous ne voyons en lui qu'une juste exigence ;

Grace à son équité, les temps sont loin de nous,

Où sa force exigeait une excuse à genoux.

Aujourd'hui, devenu généreux, raisonnable,

Une vivacité lui semble pardonnable;

Il se respecte assez pour ne pas abuser.

D'un pouvoir dont jadis il avait tort d'user.

Mais tout en éprouvant sa bonté tutélaire,

Que de maux nous souffrons pour ne pas lui déplaire !

Nous comptons par devoir tant de sujétions !

Plus d'une fois, en fait d'indispositions,

Le public méfiant suppose qu'on le triche,

Et toutes, cependant, ne sont pas sur l'affiche ! [38]

As-tu de la tristesse ! En scène il faut entrer,

Et bien vite danser, sourire et folâtrer.

Songe que l'on demande à ton ame indécise,

De l'inspiration à l'heure bien précise. [39]

A ton cœur un sifflet porte un mortel chagrin,

Allons, comme NOURRIT, chante un joyeux refrain.

As-tu d'un grand malheur le sinistre présage,

Qu'une franche gaîté colore ton visage.

Ta mère est bien malade et peut-être en mourra....

Si tu ne ris pas mieux, le public sifflera.

Oui, pour nous, ce public si bon, si favorable,

Souvent à son insu devient inexorable.

Un homme à qui notre art doit de si beaux succès,

Le Nestor et l'honneur de l'opéra français,

Avait vu, dans des jours de sauvage furie,

Rouler sur l'échafaud une tête chérie ;

Le soir même, le soir, brisé par ses douleurs,

Aux cris des forcenés, n'opposant que ses pleurs,

Elleviou, vaincu par la clameur niaise,

Par ordre du public, chanta *la Marseillaise* !!! [40]

Ah! de mille tourmens prompts à nous assiéger,

Quel bonheur ici bas vient nous dédommager !

Aucun. Dans chaque état où le destin l'entraîne,

Je sais que l'honnête homme est en butte à la peine ;

Mais d'une noble estime il se voit entouré;
Un honnête homme acteur est-il considéré?
Notre profession, dans ces temps déplorables,
N'est pas classée encor dans les rangs honorables;
L'on s'obstine à ne voir, dans le comédien,
Qu'un petit Don Juan, qu'un dangereux vaurien;
Cette prévention, partout on la partage,
Chez les gens de haut rang, comme de bas étage,
Il nous faut endurer un mépris incessant;
Tout contact avec nous leur paraît flétrissant;
Même de tes succès un vieux parent s'indigne,
De te fermer sa porte il donne la consigne;
Cet autre, dont toujours tu restes estimé,
Ne te reçoit jamais de peur d'être blâmé.
Veux-tu d'un logement devenir locataire?
Tu déclines ton nom, et le propriétaire
Aime peu, sans vouloir t'en dire la raison,
Que des comédiens habitent sa maison;

Apporte-t-on chez toi diverses fournitures?

Tu vois comme on se hâte à donner les factures,

Malgré tes bonnes mœurs, ton esprit circonspect,

Tu trouves la beauté tremblante à ton aspect;

Du plus mince marchand recherches-tu la fille?

L'épicier ne veut pas d'acteur dans sa famille;

Pourquoi donc à nous seuls cet insolent affront?

C'est que le préjugé nous a marqués au front,

C'est que long-temps encor nous ferons quarantaine,

C'est qu'on nous met au ban de l'amnistie humaine,

Et lorsque notre siècle abjure ses erreurs,

On affranchit les noirs, mais non pas les acteurs;

Ce préjugé cruel, sa racine est profonde,

Il n'est plus dans la loi, mais il est dans le monde.

DUPREZ, SAMSON, BOUFFÉ, VERNET ont-ils la croix?

Leur talent distingué la mérite, je crois;

Quand sur tous les talens le prince la dispense,

L'acteur seul est privé de cette récompense!

Après tout, qu'il renonce au droit de la porter ;

L'honneur le plus insigne est de la mériter.

Du théâtre, en jetant un regard en arrière,

Abreuvé de dégoûts, tu quittes la carrière.

Adieu de ton public le bienveillant appui !

On perd sa sympathie en s'éloignant de lui ;

Rien ne nous accompagne en notre solitude,

Rien, que le sentiment de son ingratitude ! [41]

A peine a-t-on de toi gardé le souvenir ;

Tu n'as plus de passé, tu n'as plus d'avenir ;

L'heure suprême approche, et bientôt quelque prêtre

Vá te lancer encore une insulte, peut-être ;

Mais ton ame souffrante a brisé son lien,

Tu meurs obscurément... et tu passes... plus rien !

Heureux l'artiste auquel un succès peut survivre,

Le peintre a son tableau, le poète son livre ;

Le sculpteur, l'architecte ou le musicien,

Dans un bel avenir peut entrevoir le sien ;

Cet espoir se présente à son ame charmée.

Il meurt un jour, ce jour double sa renommée;

Et s'il s'est fait un nom que le monde ait cité,

Son œuvre peut aller à la postérité.

Mais le comédien!... Le succès qu'il envie,

Consiste seulement dans l'action, la vie,

C'est encore un malheur de ce pauvre métier,

Quand un acteur est mort, il est mort tout entier;

Rien ne prouve après lui quel était son mérite;

En vain consulte-t-on quelque parole écrite,

Dans un faux jugement l'on craint de s'égarer,

Ce qu'on ne saurait voir, on ne peut l'admirer;

A sa vogue passée à peine l'on veut croire,

Et la mort dans sa tombe ensevelit sa gloire! [42]

Ma tâche est terminée. O jeune débutant !

Ouvre les yeux enfin sur le sort qui t'attend.

Quand par un doux espoir tu te laisses séduire,

Mes vers sont un fanal qui prétend te conduire.

Trop heureux si j'ai pu, guide expérimenté,

Sur un sombre chemin jeter quelque clarté.

Mais de tristes pensers ont rempli cette épître,

Et je n'ai produit là qu'un ennuyeux chapitre;

De m'en apercevoir je m'avise un peu tard.

Bouffé, pardonne-moi. Je révère mon art,

Mais je hais le théâtre et tout son entourage;

De trop de sots jaloux on y subit l'outrage; [43]

Leur manœuvre à la fin me fatigue, et je veux

Bientôt m'en affranchir. J'appelle de mes vœux

L'heure où me dégageant d'un lien qui m'oppresse,

Ardent à *retirer mon ame de la presse,* *

* Montaigne

Je pourrai vivre en paix dans un humble réduit,

Où non loin cependant de la ville du bruit,

J'attendrai le matin qu'un journal me révèle

Le succès éclatant d'une pièce nouvelle.

Par le désir alors, me sentant ranimé,

L'on me verra courir vers le théâtre aimé,

Applaudir dans l'esprit d'un charmant vaudeville,

Duvert, Scribe, Varin, Bayard et Mélesville.

Un souvenir alors pourra m'énorgueillir,

Oui, si je vois parfois l'indulgence accueillir

Un acteur dont l'amour pour son art se décèle,

Je me rappellerai mon ardeur et mon zèle,

Et les quelques bravos dont mon cœur a joui ;

Mais chez le même artiste... ô prodige inoui !

Si je vois la finesse et profonde et naïve,

La grace, la gaîté spirituelle et vive ;

S'il sait être énergique avec simplicité,

S'il joint au naturel la sensibilité,

Aux principes de l'art, s'il est toujours fidèle,

Si toute chose en lui peut servir de modèle,

Enfin, si le bon goût est son culte, sa foi,

Alors mes souvenirs se porteront sur toi.

NOTES.

NOTES.

(Note 1, page 3.)

Tu repousses bien loin ces froids admirateurs
Dont la bouche a toujours des mots adulateurs;

Bouffé ne reçoit pas avec un égal plaisir les complimens qu'on lui adresse; cela s'explique. Par exemple qu'on vienne lui dire : *Vous avez été parfait*. Bien que cet éloge soit sincère, il y a dans son expression quelque chose d'outré qui plairait sans doute à un acteur médiocre, mais qui ne peut convenir à un grand comédien. Bouffé ressemble à tous ceux qui ont un vrai mérite, il n'est jamais entièrement satisfait de lui. Pourquoi ? C'est que ce qui paraît parfait au jugement du public est souvent bien loin de l'être aux yeux de l'artiste. « Si vous assistiez aux études de la Clairon, écrivait Diderot, combien de fois vous lui diriez : *Vous y êtes,* — combien de fois elle vous répondrait : *Vous vous trompez.* »

Une vérité connue, c'est qu'un chef-d'œuvre n'est que la copie d'un modèle depuis long-temps élaboré dans l'esprit de l'homme de génie. Il y a un type qui préexiste dans l'ame du poëte et de l'artiste, mais qui n'en jaillit que pendant l'effervescence de la pensée. Le pinceau, la plume, le ciseau, le burin ne sont que des instrumens employés à rendre ce qui a été d'avance médité et fini dans la haute région de l'intelligence. Sans leur secours, le génie intérieur a déjà réalisé l'idéal, c'est-à-dire ce que personne n'a encore vu ni conçu avant lui. Quand Phidias, dit Cicéron, faisait sa Minerve, il avait dans l'idée un certain beau exquis sur lequel il tenait les yeux attachés, qui conduisait sa main, et que son art s'efforçait d'exprimer.

On disait au sculpteur flamand Duquesnoy : « Votre statue est maintenant terminée. — Vous le croyez ainsi, reprit-il, parce que vous n'avez pas sous les yeux le modèle que *j'ai dans l'esprit.* »

(Note 2, page 4.)

Oui, c'est le feu sacré qui brûle dans ton ame.

Un savant physiologiste * a dit : « Un rhythme d'exercice vital très actif, une continuelle exagération de la force nerveuse, des phénomènes d'association organique aussi prompts que faciles, des sympathies nombreuses, rapides, des impressions multipliées, une certaine turbulence de mouvemens, donnent réellement à la vie quelque chose d'extrême, d'impétueux, qui l'agite et la précipite. C'est précisément l'organisation qui fait vivre et mourir plus vite que toute autre. La grande *affectibilité*, qui en est le signe distinctif, se remarque surtout chez les poètes et les artistes. Leur organisation fine, molle, délicate, est singulièrement propre aux divers genres de sensation. Tout les frappe, tout les anime, tout se peint en eux avec force et vivacité, pénétrés en quelque manière de feu et de sentiment, ils sont avides de ce qui peut exciter et augmenter la vie. Cette facilité d'émotion et d'exaltation qui les caractérise, imprime bientôt à l'économie une sorte de mobilité et d'accélération dans les actes vitaux qui font que la moindre impression ébranle sur-le-champ la masse entière de l'économie. Il existe un foyer de vie et d'action dont les puissantes irradiations

* M. Réveillé-Parise, dans son ouvrage intitulé : *Physiologie et hygiène des hommes livrés aux travaux de l'esprit.*

s'étendent à tous les points de l'organisme. Salvator Rosa dit qu'un peintre est, *tutto spirito, tutto bile, tutto fuoco,* un composé d'esprit, de bile et de feu; et ce langage n'est pas aussi métaphorique qu'on le croit.

La sensibilité organique est la base première du génie et des talens, parce que c'est là qu'il faut chercher le principe du sentiment et de l'inspiration. De la sensibilité se dégage cette étincelle électrique qui agite et qui enflamme les idées, les opinions, les passions. Ces germes d'éloquence qui résident et fermentent au plus profond de l'ame, et éclatent ensuite en mouvemens rapides, en traits véhémens ; cette puissante verve oratoire qui, du cœur au cœur, électrise la multitude inerte et la soulève comme Jupiter soulevait les dieux; ces élans passionnés, ces pensées de feu, ces mots doués de vie qui échauffent les imaginations et domptent les intelligences ne sont, en dernier résultat, que les mouvemens impétueux, pressés, d'une sensibilité privilégiée et vivement stimulée. Elle est aussi la source et l'aliment de la poésie, parce que, sans elle, il n'est pas de hautes pensées, de grandes images ni de *feu sacré.*

(Note 3, page 5.)

Acteur, comédien, ne sont pas synonymes ;

« On se sert indifféremment dans le monde des mots *comédien* et *acteur;* aux yeux du vulgaire, ces mots sont synonymes, mais la différence est grande entre eux dans l'art théâtral. *L'acteur ne sait jouer que certains rôles, le comédien doit les jouer tous :* C'est en ce sens-là, qu'il y a parmi les savans, les beaux esprits, les habiles artistes, de très bons acteurs en chaque genre et point de comédien; il faut leur choisir le rôle qui leur est propre, si on veut qu'ils réussissent. » *(Manuel théâtral.)*

(Note 4, page 6.)

Or, qu'est-ce qu'un acteur? Si l'on veut le savoir,
Six mille d'entre nous se chargent de l'apprendre;

« Combien comptez-vous de peintres en France? demandait
» Napoléon à David. — Environ six mille. — Six mille pour qu'il
» en sorte un David! » Cette proportion est à peu près la même dans tous les arts. Les pères peuvent tirer de cette réponse la conséquence des dangers auxquels ils exposent leurs fils en les jetant inconsidérément dans une de ces professions. Combien de chances avant que le talent parvienne à se former : et le talent formé, combien de chances encore pour parvenir au succès. C'est un assaut où six mille hommes servent à combler les fossés

et font marche-pied pour celui que le hasard autant que son courage ou son adresse, réserve à planter le drapeau sur la brè-che. » (*Dictionnaire de la Conversation, au mot* ARTISTE.)

(Note 5, page 6.)

Qui, par un naturel que l'étude a formé,
D'un profond sentiment nous paraît animé;

L'essentiel est de *paraître* et non pas *d'être* animé. Beaucoup de personnes pensent que la sensibilité est une qualité dont le grand comédien doit être pourvu ; j'ose croire comme Diderot, que c'est une erreur. Pour être grand artiste, il faut pouvoir observer froidement la nature afin de rendre avec fidélité les signes extérieurs du sentiment. Il n'est point nécessaire d'être amoureux, ambitieux, cruel ou niais, pour bien peindre l'amour, l'ambition, la cruauté ou la niaiserie ; mais il faut de toute nécessité avoir observé ces divers sentimens chez les individus, dans le monde, dans l'histoire pour en bien reproduire les effets qui frappent les sens. Si l'acteur qui représente la douleur du désespoir l'éprouvait en effet, mais sa tête se troublerait à l'instant même, il n'aurait plus la mémoire ni aucuns moyens pour jouer son rôle.

« On est soi de nature ; on est un autre d'imitation ; le cœur qu'on se suppose n'est pas le cœur qu'on a. Qu'est-ce donc que le vrai talent ? Celui de bien connaître les symptômes de l'ame d'emprunt, de s'adresser à la sensation de ceux qui nous entendent, qui nous voient, et de les tromper par l'imitation de ces symptômes, par une imitation qui agrandisse tout dans leurs têtes et qui devienne la règle de leur jugement ; car il est impossible d'apprécier autrement ce qui se passe au dedans de nous. Et que nous importe en effet que les acteurs sentent ou qu'ils ne sentent pas, pourvu que nous l'ignorions.

» Celui donc qui connaît le mieux et qui rend le plus parfaitement ces signes extérieurs d'après le modèle idéal le mieux conçu est le plus grand comédien.

» Les acteurs médiocres ou novices sont faits pour rejeter ces vérités, et l'on pourrait dire de quelques autres qu'ils croient sentir, comme on dit du superstitieux, qu'il croit croire ; et que sans la foi pour celui-ci, et sans la sensibilité pour celui-là, il n'y a point de salut.

» Mais quoi, dira-t-on, ces accens si plaintifs, si douloureux que cette mère arrache du fond de ses entrailles, et dont les miennes sont si violemment secouées, ce n'est pas le sentiment actuel qui les produit, ce n'est pas le désespoir qui les inspire ? Nullement ; et la preuve, c'est qu'ils sont mesurés ; qu'ils font partie d'un système de déclamation ; que plus bas ou plus aigus de la vingtième partie d'un quart de ton, ils sont faux ; qu'ils sont soumis à une loi d'unité ; qu'ils sont, comme dans l'harmonie, préparés et sauvés ; qu'ils ne satisfont à toutes les conditions requises que par une longue étude ; qu'ils concourent à la solution d'un problème proposé ; que pour être poussés justes, ils ont été répétés cent fois et que malgré ces fréquentes répétitions, on les manque encore ; c'est qu'avant de dire :

> Zaïre, vous pleurez !

ou :

> Vous y serez ma fille.

l'acteur s'est long-temps écouté lui-même ; c'est qu'il s'écoute au moment où il vous trouble, et que tout son talent consiste, non pas à sentir, comme vous le supposez, mais à rendre si scrupuleusement les signes extérieurs du sentiment, que vous vous y trompiez. Les cris de sa douleur sont notés dans son oreille. Les gestes de son désespoir sont de mémoire et ont été préparés devant une glace. Il sait le moment précis où il tirera son mouchoir et où les larmes couleront ; attendez-les à ce mot, à cette syllabe, ni plus tôt, ni plus tard. Ce tremblement de la voix, ces mots suspendus, ces sons étouffés ou traînés, ces frémissemens des membres, ce vacillement des genoux, ces évanouissemens, ces fureurs, pure imitation, leçon recordée d'avance, grimace pathétique, singerie sublime dont l'acteur garde le souvenir long-temps après l'avoir étudiée, dont il avait la conscience présente au moment ou il l'exécutait, qui lui laisse, heureusement pour le poète, pour le spectateur et pour lui, toute la liberté de son esprit, et qui ne lui ôte, ainsi que les autres exercices, que la force du corps. Le socque ou le cothurne déposé, sa voix est éteinte, il éprouve une extrême fatigue, il va changer de linge, ou se coucher ; mais il ne lui reste ni trouble, ni douleur, ni mélancolie, ni affaissement d'ame. C'est vous qui remportez toutes ces impressions. L'acteur est las, et vous tristes ; c'est qu'il s'est démené sans rien sentir, et que vous avez senti sans vous démener. S'il en était autrement, la condition de comédien serait la plus malheureuse des conditions ; mais il n'est pas le personnage, il le joue et le joue si bien que vous le prenez pour tel : l'illusion n'est que pour vous ; il sait bien lui qu'il ne l'est pas. »

(Diderot. *Paradoxe sur le comédien.*)

(Note 6, page 6.)

Abandonne son cœur et conserve sa tête.

« La vérité théâtrale était l'objet constant des études de Molé, c'est à elle seule qu'il a dû ses succès ; il avait coutume de dire que pour réussir à la scène il fallait *garder sa tête et livrer son cœur.*

M. Népomucène Lemercier, après avoir assisté à une représentation où jouait Molé, ne put résister au plaisir d'aller féliciter l'acteur des effets prodigieux de son talent.

Eh ! bien, lui dit Molé, je ne suis pas content de moi aujourd'hui ; aussi je n'ai pas produit cette fois, sur le public, la même impression que de coutume. Je me suis trop livré, je n'étais plus

maître de moi ; j'étais entré si vivement dans la situation, que j'étais le personnage même et que je n'étais plus l'acteur qui le joue, j'ai été vrai comme je le serais chez moi ; mais pour l'optique du théâtre, il faut être autrement. La pièce, ajouta Molé, se rejoue dans quelques jours, venez la voir encore et placez vous dans les premières coulisses. M. Lemercier s'y trouva avec exactitude. Au moment où arrive la fameuse scène, Molé tourne la tête de son côté et lui dit à voix basse : « Je suis bien maître de
» moi, vous allez voir. » Et en effet, M. Lemercier assure que l'acteur a produit une sensation beaucoup plus forte que le premier jour, et qu'il n'avait jamais vu plus d'art et de calcul pour remuer les spectateurs. »

(*Collection des Mémoires dramatiques.*
Notice sur Molé, par M. Etienne.)

(Note 7, page 6.)

La verve de PRÉVILLE et le tact de SAMSON ;

Le nom de Samson qui devait se trouver tout naturellement au bout de ma plume m'a valu de lui une épître que le lecteur ne sera sans doute pas fâché de connaître. Je demande bien pardon si, à propos de méchans vers que j'adresse à Bouffé, j'ose rapporter ici une épître où se trouvent des éloges que, je le sais, je dois tous à la bienveillance. Je pèche d'après l'exemple ; moi, petit rimailleur, je ne crains pas d'imiter en cela les grands poètes du jour qui publient dans leurs œuvres les hommages qui leur sont adressés par leurs amis. D'ailleurs, Samson exprime ici son admiration pour le talent de Bouffé, il paraîtra donc tout simple que je fasse de son épître le sujet d'une note.

ÉPITRE A ARNAL.

Nouveau favori de la muse,
Du public que ta verve amuse
Ton talent est toujours fêté,
Et notre mourante gaîté
Sur la scène que tu ravives,
Jette encor des lueurs si vives,
Qu'on sent que tu peux à ton gré
En ranimer le feu sacré.
C'est peu d'une gloire pareille ;
Une autre flamme en toi s'éveille :
Ton esprit par elle échauffé
Devient l'Homère de BOUFFÉ,*
De BOUFFÉ, PRÉVILLE moderne,
Dans les cœurs qu'en maître il gouverne
Jetant la joie ou les douleurs,
Arrachant le rire ou les pleurs,
Prenant tous les tons, tous les âges,
Vrai protée à mille visages,

(*) Un fragment de mon *Epître à Bouffé* avait été inséré dans quelques journaux.

Et de ses rivaux chaque soir
Le modèle et le désespoir.
Ah ! qu'il a dû trouver de charmes
Aux louanges d'un frère d'armes !
Dans cette carrière des arts
Où, sous les curieux regards
De la foule en cercle formée,
Chacun court à la renommée ;
Où, de peur, d'espoir palpitant,
De loin avec trouble écoutant
Ces voix dont l'éloge ou le blâme
Exalte ou refroidit notre ame ;
Où, poursuivant parmi ce bruit
Un but qui recule et nous fuit,
On n'est pas toujours sur la route,
Juste envers celui qu'on redoute.
Gloire à ceux dont le noble cœur
Avoue un égal, un vainqueur,
Que le succès d'un grand artiste
Jamais ne révolte ou n'attriste,
Et qui du laurier triomphal
Ornent eux-même un front rival !
Au temps où, dans la Grèce antique,
Florissait l'éloquence attique,
Eschine vaincu, s'exilant,
Vanta le sublime talent
Qui le privait du ciel d'Athènes :
Si vous entendiez Démosthènes,
S'écriait le noble orateur !
On sait qu'Eschine fut acteur,
Qu'interprète de Melpomène,
Il avait au jeu de la scène
Consacré ses premiers efforts :
Notons-le pour l'honneur du corps.
Eh ! bien, ce trait si méritoire
Qu'eut soin d'enregister l'histoire,
Arnal, aujourd'hui je le voi,
Des Grecs renouvelé par toi.
L'exil, et je t'en félicite,
Ne rehausse point le mérite

Du panégyrique rimé
D'un talent justement aimé.
Dans la science difficile
De fixer un public mobile
Qui donne et reprend sa faveur,
Tu n'as pas trouvé de vainqueur.
Chéri des loges, du parterre,
Si, par un exil volontaire,
Faisant voyager ta gaîté
Loin de notre grande cité,
Qui te regrette et te désire,
Tu *décentralises* le rire,
Chargé des applaudissemens
Et de l'or des départemens,
Tu sais quel accueil plein d'ivresse
Te prépare notre allégresse,
Quand nous pourrons, à notre gré,
Revoir le joyeux émigré.
Mais ta prospérité constante
Rend peut-être plus éclatante
Cette justice qu'aujourd'hui
Trouve en toi le succès d'autrui.
ARNAL, il est dans cette vie
Trois choses que chacun envie,
Et dont il faut craindre l'excès :
Richesse, pouvoir et succès.
Trop souvent, il faut qu'on l'avoue,
C'est là que la raison échoue.
Que d'acteurs d'eux-même amoureux,
Fiers du succès d'un rôle heureux,
Se croyant dieux dans les coulisses,
Ont besoin, au sein des délices
Où les plonge leur vanité,
Que l'inflexible vérité
A leur oreille enfin s'explique
D'une façon catégorique,
Et leur dise sur leurs autels
Qu'ils sont de très simples mortels!
De l'ovation théâtrale
Il sort une vapeur fatale

Qui monte aux plus sages cerveaux ;
Ces pleurs, ces rires, ces bravos,
Et ces lustres aux clartés vives,
Et ces figures attentives
Où rayonnent à tout moment
Le plaisir, l'attendrissement,
Et, le rideau tombé, l'éloge
Vous poursuivant dans votre loge,
De toutes parts vous arrivant,
De côté, derrière, devant,
Et votre main que chacun presse,
Et votre auteur qui vous caresse,
De joie et de gloire éperdu,
Criant : Mon succès vous est dû ;
Sans vous je périssais (le traître !
Il n'en croit pas un mot, peut-être).
Quels écueils toujours renaissans
Pour notre fragile bon sens !
Lorsqu'au talent le plus modeste
Un triomphe est souvent funeste,
A ta longue prospérité
Ta modestie a résisté.
A l'équité tu joins encore
Une indulgence qui t'honore
Et dont mon orgueil est flatté :
Oui, c'est elle qui t'a dicté
Dans cette épître dont le style
Rappelle ton jeu si facile,
Ces vers où du théâtre ancien
Deux grands noms brillent près du mien
Tout confus d'un tel voisinage.
Hélas ! je n'obtiens en partage
Qu'un amour profond, véhément
Pour l'art difficile et charmant
Qu'à Rome protège l'Eglise,
Qu'en France elle anathématise.
Par lui sur la scène lancé,
Dans l'âge où l'on est insensé,
De succès mon ame affamée
Rêvait talent et renommée.

Adieu, triomphes éclatans
Qu'on se promet en son printemps,
Riant avenir dramatique,
Que le souffle de la critique
S'en vient détruire chaque jour,
Sans éteindre en nous cet amour,
Ce feu sacré qui nous consume,
Par qui nous bravons l'amertume
Des dégoûts dont la main du sort
Emplit nos coupes jusqu'au bord !
Car, tu dis trop vrai, notre vie,
Qu'on flétrit et que l'on envie,
N'offre que des plaisirs trompeurs,
Et le serpent est sous les fleurs.....
Merci cent fois de ton suffrage
Qui me console et m'encourage.
Un travail consciencieux
Passa pour talent à tes yeux :
Mon ame en est fière et charmée.
Puisse cette prose rimée,
Qui peint ma joie et mon orgueil,
Trouver un bienveillant accueil !
Montre une indulgence complète,
Et daigne enfin pour le poète
Etre aussi bon que tu veux bien
L'être pour le comédien.

SAMSON,
De la Comédie-Française.

(Note 8, page 11.)

J'étais, à quatorze ans, soldat du roi de Rome ;
Et puis, sans y trouver un sort beaucoup meilleur,
Je devins tour à tour pupille et tirailleur ;

Au commencement de 1812, je m'engageai volontairement dans *la garde du roi de Rome*. Quelques mois après, on incorpora dans ce régiment les jeunes gens âgés de seize ans, qui se trouvaient dans les hospices des orphelins ; on en forma neuf bataillons, et ces nouveaux soldats furent appelés : *pupilles de la garde*. Vers la fin de 1813, les plus grands et les plus forts de ces soldats passèrent dans les tirailleurs ; c'est ainsi que je fis successivement partie du 12e, 12e bis, 13e, 13e bis et 14e régiment de *tirailleurs de la jeune garde*.

(Note 9, page 12.)

Fatigué de combats, ne recevant toujours
Pour prix de ma valeur qu'un sou tous les cinq jours,

De mon temps la paie du soldat se montait à un sou par jour ; mais lorsqu'on avait eu besoin d'une paire de souliers ou d'une chemise avant le temps voulu, on se trouvait devoir à la masse, et alors, sur les cinq sous qui revenaient au soldat tous les cinq jours, le sergent-major lui en retenait quatre. Je ne sais comment cela se fit, mais je fus assez malheureux pour devoir toujours à la masse ; en conséquence, il ne me revint qu'un centime par jour pendant les deux années que je passai dans la noble carrière des armes.

(Note 10, page 14.)

Aussi, dès ce moment, se trouvant bien jugé,
Mithridate devint Jocrisse corrigé.

Jocrisse corrigé, charmante pièce du théâtre des Variétés, dans laquelle Brunet était, comme toujours, d'un naturel et d'un comique parfaits. Que l'on me permette de dire que j'obtins en société quelque succès dans ce personnage de *Jocrisse*. Les habitués de chez Doyen convenaient que j'y étais assez plaisant; mais, d'un commun accord, on disait que j'étais loin de m'y montrer aussi comique que dans *Mithridate*.

(Note 11, page 16.)

Chez tous ces orgueilleux quel ton! quelle jactance!
Comme on est ridicule à force d'importance!

Il est beaucoup de petits acteurs qui ont une grande confiance dans ce qu'ils appellent leur talent. N'ayant point assez d'esprit pour reconnaître leur faiblesse, il arrive souvent qu'après avoir fort mal joué leurs rôles, ils se redressent avec un certain air de satisfaction tout-à-fait risible. Il faut convenir que cet aplomb, qui les rend heureux, ne peut que leur être profitable : ils osent, et c'est beaucoup. Aussi voyons-nous au théâtre quelques uns de ces acteurs réussir *un peu* par la raison qu'ils ont moins d'esprit qu'un autre qui saura craindre l'effet de son inexpérience et dont la peur paralysera les bonnes dispositions.

« Quelques personnes prétendent que pour réussir dans l'art théâtral, il faut se persuader qu'on est excellent et avoir l'air de dire aux spectateurs : « Regardez-moi, considérez mes graces, je » vais vous enchanter par ma voix, ma taille, ma figure, mon es- » prit et tous mes talens. » Ce principe nous paraît faux et cependant il a produit plus d'un grand artiste. On sait avec quel enthousiasme d'amour propre Baron parlait de son état, et les orgueilleuses naïvetés de Vestris sont dans la mémoire de tous les amateurs. L'une des plus comiques est renfermée dans le discours qu'il tint à son fils condamné à passer quelques jours au For-l'Evêque. « Allez, lui dit-il au milieu du foyer, allez, mon fils, voilà le plus beau jour de votre vie ; prenez mon carrosse et demandez l'appartement de mon ami le roi de Pologne ; je paierai tout... Hélas ! dit ensuite tristement le *diou* de la danse, c'est la première brouillerie de notre maison avec la famille des Bourbons ! »

(*Mémoires d'un claqueur.*)

(Note 12, page 17.)

Là, c'est de la sottise un sot imitateur
Qui se fait appeler *artiste* au lieu d'*acteur*,

« Les comédiens en général n'ont jamais reculé devant le ridicule. Ils se plaignent sans cesse du préjugé, puis voyez la contradiction! — Ils font tout pour se tenir éloignés de cette société, dont ils se prétendent exclus. Nous sommes en carnaval, — tout se mêle, tout se confond; — il n'y a plus de rangs, plus de distances. — Les comédiens profitent de ce moment pour faire plus que jamais bande à part. — Ils donnent des bals qu'ils appellent ambitieusement *bals d'artistes*. — On n'y est admis que lorsqu'on a l'honneur de monter par état sur les planches — et de se mettre tous les soirs du rouge sur la figure. — C'est une aristocratie d'un nouveau genre.

Il ne faut pas s'imaginer, comme on se l'imagine dans la rue des Bourdonnais et dans le quartier des Arcis, que les bals d'artistes soient fort amusans! — Non. — Ce n'est point une orgie délirante où abonde l'esprit, les bayadères et les coupes pleines de nectar. — D'abord, il y a peu d'actrices : — les amans de ces dames leur défendent de s'ébattre en des plaisirs qu'ils ne pourraient partager. — Restent deux ou trois duègnes, cinq ou six jeunes premières dans le malheur, et quelques ingénuités qui sont là avec leurs mères.—Merci. Les hommes sont plus nombreux.— Ils sont vêtus de leur costume de théâtre. — Ils parlent leur langue de théâtre. — Ils posent comme au théâtre. — Ils n'ont pas l'air d'être là pour se divertir, mais bien pour continuer leur métier.—C'est une représentation de nuit. — On danse peu.—On joue plus ou moins de pièces de dix sous à l'écarté.—On ne boit pas trop de champagne de peur d'attraper une extinction de voix et d'être forcé d'arrêter le spectacle du lendemain.—On se retire à six heures du matin,—et l'on s'écrie avec enthousiasme: « On ne sait bien s'amuser qu'entre » artistes! » (*Extrait du journal* le Figaro.)

(Note 13, page 17.)

Ici, c'est la beauté, dont j'aimais la pudeur,
Qui par de gais propos étonne ma candeur;

« On quitte, en atteignant la coulisse, la morale du théâtre aussi bien que sa dignité; et si l'on prend des leçons de vertu sur la scène, on les va bien vite oublier dans les foyers.»
(J.-J. Rousseau. *Lettre à d'Alembert.*)

(Note 14, page 17.)

Mais des comédiens surtout la jalousie
Montre envers le talent sa lâche frénésie,

« Les comédiens ont une vanité qu'on pourrait appeler insolence, une jalousie qui remplit de troubles et de haines leur comité. Entre toutes les associations, il n'y en a peut-être aucune où l'intérêt de tous et celui du public soient plus constamment et plus évidemment sacrifiés à de misérables prétentions. L'envie est encore pire entre eux qu'entre les auteurs; c'est beaucoup dire, mais cela est vrai. »   (Diderot. *Paradoxe sur le comédien.*)

(Note 15, page 22.)

Que si vous avez ri, vous êtes désarmés.

J'ai toujours vu avec peine qu'on avait peu d'estime pour le talent des acteurs qui jouent le genre comique ; on pense que l'artiste qui fait rire ne s'est pas donné grand mal pour cela ; on dit : *C'est un farceur, voilà tout ;* et l'opinion de la plupart des journalistes, quoique bienveillante d'ailleurs, l'espèce de dédain avec lequel ils nous traitent, nous autres *pauvres bouffons*, ne sert qu'à propager ces fausses idées. Est-ce qu'un peintre qui fait une figure qui rit, a moins de talent que celui qui peint une figure qui pleure ? Talma a dit : « Il ne faut pas moins de qualités, quoique d'un ordre différent, au grand acteur comique qu'au grand acteur tragique, et l'un a comme l'autre besoin d'être initié aux mystères de la nature passionnée, aux penchans, aux faiblesses et même aux bizarreries du cœur humain. » — Qu'il me soit permis de dire, à moi, que je crois qu'il est en général plus aisé de faire pleurer que de faire rire ; l'ame est plus facile à émouvoir que l'esprit ; l'expression d'un chagrin se fait mieux sentir que celle de la gaîté ; un récit attendrissant, s'il est bien fait, touchera tout le monde, le cœur du prince comme celui du berger, parce qu'il frappe l'ame ; tandis que de joyeux détails qui s'adressent à l'esprit ne satisferont pas la délicatesse de tous. Le sentiment est à la portée de tous les spectateurs, il n'en est pas de même de la finesse de l'esprit qui est le principe de toute chose vraiment comique.

C'est en conséquence de tout cela que nous avons vu plusieurs acteurs doués de peu d'esprit, mais des qualités de l'ame, qui, aux moyens d'une profonde sensibilité, de leur chaleur, se sont fait de grandes réputations dans le genre dramatique ; mais ceux qui ont excellé dans le genre comique, qui sont parvenus à faire rire comme Potier, par exemple, étaient essentiellement des hommes d'esprit. Je ne prétends pas dire que l'acteur dramatique soit au dessous de l'acteur comique, non, certes ; mais je pense que le mérite de celui-ci vaut le mérite de celui-là.

Heureux l'artiste qui, comme Bouffé, joue également bien les deux genres. C'est le talent des grands comédiens. Ceux-ci sont rares.

« L'acteur chargé des rôles comiques et même des caricatures, dit Mme veuve Talma dans ses *Études sur l'art théâtral*, doit être un homme de goût ; généralement le choix difficile des plaisanteries et des choses comiques ne peut être confié qu'à celui qui les sait parfaitement mesurer ; car il est toujours entre deux écueils : celui d'être froid, pâle, de ne point exciter le rire ; et celui de ne tomber dans le trop bas comique. L'acteur qui a donc choisi ce genre, doit avoir un tact sûr qui le mette à l'abri des excès.

Il faut saisir le côté plaisant des scènes de la vie, avoir la connaissance parfaite des bienséances. De plus une grande hardiesse est nécessaire pour ne pas craindre de reproduire, aux yeux du public, des caricatures qui, au premier abord peuvent sembler être forcées, et qui pourtant existent telles qu'on les montre sur la scène. »

J'ai beau insister, je ne ferai pas changer l'opinion du monde qui traite avec une grande légèreté les acteurs qui font rire. Et quoique ceux-ci soient en général des hommes sérieux, comme tous ceux qui observent, qui réfléchissent, il n'en est pas moins vrai que, hors du théâtre, on n'a aucune idée juste de leur caractère et de leur talent. Tel individu qui n'hésiterait pas à marier sa fille avec un acteur tragique, refusera de la donner à un acteur comique, attendu qu'il suppose que celui-ci est un être de déraison, un farceur qui n'est bon qu'à faire rire, et chez lequel le sentiment ne peut être qu'une dérision.

Ces mêmes idées s'appliquent également aux pièces de théâtre. M. Duvert, l'un des auteurs du *Mari de la dame de chœurs*, vaudeville qui, comme on le sait, est rempli d'une folle gaîté, où les mots plaisans abondent, étant de garde un jour que l'on jouait sa pièce, reçut ce compliment assez remarquable d'un naïf voltigeur : « M. Duvert, lui dit celui-ci, je viens de voir jouer *le Mari de la dame de chœurs*, c'est charmant, je me suis bien amusé, j'ai ri comme un fou. Je vous déclare que j'aime mieux ces sortes de pièces *que des ouvrages d'esprit.* » — Merci, a dû répliquer l'auteur. Eh! bien, cet honnête voltigeur exprimait, assez grossièrement il est vrai, l'opinion de beaucoup de gens du monde.

(Note 16, page 23.)

Et que voyant l'hommage à mes pas attaché,
Plus d'une actrice aimable en ait le cœur touché.

Ce sont toutes ces idées qui enflamment l'imagination de la plupart de ceux qui embrassent la carrière du théâtre. « Qu'est-ce qui leur chausse le socque ou le cothurne, dit Diderot, le défaut d'éducation, la misère et le libertinage. Le théâtre est une ressource, jamais un choix. Jamais on ne se fit comédien par goût pour la vertu, par le désir d'être utile dans la société et de servir son pays ou sa famille, par aucun des motifs honnêtes qui pourraient entraîner un esprit droit, un cœur chaud, une ame sensible vers une aussi belle profession. Moi-même, jeune, je balançai entre la Sorbonne et la comédie; j'allais, en hiver, par la saison la plus rigoureuse, réciter à haute voix des rôles de Corneille et de Molière dans les allées solitaires du Luxembourg. Quel était mon projet? D'être applaudi, peut-être; de vivre familièrement avec les femmes de théâtre que je trouvais infiniment aimables et que je savais très faciles? Assurément, je ne sais ce que je n'aurais pas fait pour plaire à la Gaussin qui débutait alors et qui était la beauté personnifiée; à la Dangeville, qui avait tant d'attraits sur la scène. »

(*Paradoxe sur le comédien.*)

(Note 17, page 24.)

Le théâtre est à moi ; gloire, amour et fortune
Sont dans mon avenir les biens que j'entrevois !

« Le théâtre a été livré aux grands comédiens par vocation qui se font artistes par enthousiasme, et qui sont ordinairement détestables, l'enthousiasme de toute une vie ne valant pas une semaine de réflexion et de travail. »

(J. Janin. *Histoire du théâtre à 4 sous.*)

(Note 18, page 24.)

—Insensé ! que dis-tu ! viens, écoute ma voix,
Et souffre, quand tu peins cette ivresse touchante,
Que la vérité pure ici te désenchante.

« La prudence qui délibère et pèse les motifs, le jugement qui ne se décide qu'à la longue, sont loin de cet âge où les éclairs de la pensée, les vifs élans du sentiment vous emportent dans les régions de l'imagination. Ces rêves du jeune homme, si brillans et si purs, où l'amour et la gloire occupent tant de place, où le bonheur paraît une certitude, l'amitié, un besoin; le chagrin, la maladie, des mots à peu près vides de sens, n'existent plus. Ils se sont dissipés à la lueur de cette froide raison qui gâte parfois la vie, précisément en la faisant voir telle qu'elle est, en nous donnant le motif réel, quoique secret, des paroles et des actions des hommes. N'est-il pas vrai que la trop juste estimation de la valeur positive des choses tient de bien près à leur dégoût? Observons que plus la sensibilité se développe, plus l'intelligence s'accroît en même temps que la vie s'écoule, et plus le moral s'assombrit. — Dans cette ruine successive des illusions de l'esprit et de la pensée, il est certain que le bonheur diminue, tandis que le malheur semble acquérir de colossales proportions, et, pour me servir des expressions d'un poëte persan, on dirait que le temps s'attache *à aiguiser l'épine et décolorer la fleur.* »

(M. Réveillé-Parise. *Physiologie*, etc.)

(Note 19, page 24.)

L'art le plus difficile est celui de l'acteur;

M. Arnault a dit (*dans l'Encyclopédie moderne de Courtin*) : « La nature n'est pas moins avare de grands acteurs que de grands poètes. On n'est pas grand acteur sans réunir au plus haut degré les qualités les plus rares du cœur et de l'esprit, sans posséder la sensibilité la plus profonde et l'intelligence la plus étendue ; pour peindre par le geste et par la voix les passions humaines, il faut, ce me semble, autant de génie que pour les exprimer par le discours. »

« C'est le plus beau, le plus rare et le plus difficile des talens, a dit Voltaire. »

« J'ai une haute idée du talent d'un grand comédien ; cet homme est rare, aussi rare et peut-être plus que le grand poète. »

(Diderot. *Paradoxe sur le comédien.*)

(Note 20, page 25.)

Pour goûter celui-ci dans une paix profonde,
Il faudrait se tenir loin des gloires du monde ;

N'est-ce pas une chose digne de remarque de voir les poètes de tous les âges, les artistes, les écrivains de quelque renom, se plaindre tous de leur destinée, et tous pourtant continuer à écrire? C'est que, d'une part, il y a en eux une ténacité qui les pousse sans cesse à concevoir et à produire, de l'autre, un besoin de bruit, d'éclat, d'agitation, de témoignage d'autrui qui n'est jamais satisfait. Et pourtant que d'ennuis, de mécomptes, de chagrins ne trouvent-ils pas dans ce fond de calomnie et de dénigrement qui existe et existera toujours contre toute supériorité ! Lope de Vega écrit à son fils : « A mes neuf cents comédies, à mes douze volumes imprimés en vers et en prose, à mes nombreux ouvrages détachés, j'ai gagné des ennemis, des censeurs, des envieux, des critiques, des craintes, des soucis ; j'ai perdu un temps précieux, et la vieillesse est arrivée. » La Fontaine lui-même dit quelque part :

> Car je n'ai pas vécu ; j'ai servi deux tyrans :
> *Un vain bruit* et l'amour ont partagé mes ans.

Voltaire assure que s'il avait un fils qui eût du penchant pour les lettres, il lui tordrait le cou *par tendresse paternelle*. Un poète célèbre de notre époque n'est pas plus consolant ; écoutons-le :

> La belle ambition et le rare destin !
> Chanter ! toujours chanter pour un écho lointain !
> Pour un vain bruit qui passe et tombe !
> Vivre abreuvé de fiel, d'amertume et d'ennuis !
> Expier dans ses jours les rêves de ses nuits !
> Faire un avenir à sa tombe !
>
> Victor Hugo.

(Note 21, page 25.)

Si tu tombes, voilà des remords pour la vie ;

« On dirait que l'illustration est en quelque sorte une garantie de la santé. Le baume du succès guérit bien des blessures de l'ame, et le corps en acquiert d'autant plus d'énergie. Mais qui pourrait compter et connaître toutes les angoisses d'un artiste obscur, négligé, pauvre failli de la gloire, malgré ses efforts pour en obtenir quelques rayons vivifians ? Une plaie d'amour-propre, arrosée d'amertume et de railleries est une plaie mortelle, ou du moins d'aussi cuisantes douleurs n'ont jamais lieu sans affaiblir les ressorts de la vie. Ajoutons qu'un auteur, un artiste médiocre devient presque toujours envieux, et voilà le comble de ses misères. L'envie, ce principe délétère, est une cause de maladie, d'autant plus active, qu'elle agit sans relâche et secrètement. » (M. Réveillé-Parise. *Physiologie*, etc.)

(Note 22, page 26.)

La presse avec ardeur exerce sa critique ;
Elle te semble injuste, elle peut t'affliger,
Cependant garde-toi de te décourager ;

« La susceptibilité d'amour-propre et la susceptibilité nerveuse sont nées ensemble et du même principe. La nature inflammable de ce tempéramment rend pour ainsi dire permanent cet éréthisme chez les poètes, les peintres, les orateurs et certains savans.

» Il en est dont les nerfs sont tellement susceptibles que tout les blesse et les irrite. Il faut à leur corps des précautions sans fin, et à leur amour-propre des ménagemens continuels ; comme les enfans, les nourrir de lait et de louanges, c'est le régime dont il n'est pas permis de s'écarter. Le moral, comme on le voit, n'échappe point à cette disposition fâcheuse qui, poussée à son terme extrême, a tous les caractères d'une maladie. A dire vrai, le son des trompettes de la renommée est le calmant le plus efficace de cette irritation nerveuse. La flatterie est le seul joug qui courbe ces têtes fières et ardentes ; encore faut-il que la dose de louange soit forte, réitérée, et surtout sans mélange amère de censure. On reconnaît ici le *boisseau* d'éloges avec un *grain* de critique, ce dernier seul est vivement senti (Bayle). Racine en a fait l'aveu, toute approbation mesurée est une forme de critique, toute louange refusée compte parmi les douleurs ; c'est là l'épine du laurier qui ceint la tête du héros et du poète. Cette irascibilité qui s'allie très bien avec la bonté du cœur, s'observe à des degrés différens, mais elle existe toujours dans la constitution avec prédominance nerveuse. La célébrité acquise n'en défend pas même certains hommes ; il n'y en a pas un qui ne cherche à monopoliser l'attention publique. Voltaire se montra jaloux du *Roué* dont on parlait tant. Napoléon, ce colosse de gloire, n'aimait pas qu'on parlât de César dans les harangues officielles. Il était même importuné de la réputation de Geoffroy, critique mordant et spirituel, le Fréron de l'époque. Les caricatures, les bons mots, les allusions où l'on cherchait à le rabaisser l'affectaient profondément. On sait que rien n'égala sa fureur quand il apprit qu'on avait affiché jusqu'à trois fois le quatrain suivant au bas de la colonne de la place Vendôme.

>   Tyran juché sur cette échasse,
>   Si le sang que tu fis verser
>   Pouvait tenir sur cette place,
>   Tu le boirais sans te baisser.

» La susceptibilité de Girodet était extrême. Ce n'était pas de la douleur, c'était du désespoir que lui causait la critique, même la plus insignifiante. Plusieurs fois, dit-on, ses amis ont arraché de ses mains des tableaux qu'il était prêt à mutiler, parce que le souffle impur d'un aristarque venait de les souiller à ses yeux. Aussi vit-on jamais une complexion plus grêle, plus délicate, plus maladive que celle de Girodet? Les savans, je le répète, doués de la même constitution, offrent le même caractère d'irascibilité : fougueux, fanatiques, jaloux, martyrs de leur foi, de leurs idées, combien éprouvent les tourmens de la haine et de l'envie ! L'histoire de leurs querelles ne le prouve que trop, le fiel philosophique n'est pas moins âcre que celui des faux dévots. Ne sait-on pas que le fer qui égorgea Ramus était dirigé par des savans envieux ; Robert Hook a été le tourment de la vie de Newton ; la gloire de Linné a fait passer de bien mauvaises nuits à Buffon. Si Byron se fâcha contre un magistrat parce qu'il avait oublié son titre de pair d'Angleterre, Morgagni, l'anatomiste, ne put pardonner à un confrère qui l'avait cité sans faire précéder son nom d'*illustrissime*. Dans un de ses ouvrages sur l'instruction médicale, Haller avait indiqué un nombre prodigieux d'auteurs à consulter. L'absence ou la présence d'une ou plusieurs étoiles désigne le degré d'approbation que mérite chaque ouvrage. On ne saurait croire, dit un illustre médecin, combien d'auteurs ont été choqués, irrités de ce que l'étoile ne s'était pas arrêtée sur eux.

La plupart des hommes illustres, éminemment irritables, supportent les douleurs avec résignation, tandis qu'une légère contrariété, une parole équivoque, un simple soupçon leur donne des accès de sombre mélancolie. Quelque délicate que soit leur complexion, la douleur physique et la douleur morale ne peuvent être mises chez eux en comparaison. J'ai plusieurs fois admiré, dans ma pratique médicale, l'héroïque patience des hommes de lettres, des savans, des artistes, dans leurs maladies les plus graves. On a vu des physiciens, des médecins observer les phénomènes de la décomposition graduelle de leur être, avec autant de sang froid que s'il s'agissait d'une autre personne. Haller suivit les variations de son pouls jusqu'au dernier moment. Il dit au docteur Rosselet, son ami : *L'artère ne bat plus!* et il expira. Beaucoup de savans et de philosophes ont offert ce courage. Mais la douleur morale.... Ah! voilà le poison qui les déchire.

» Beaucoup d'entre eux regardent la douleur physique comme une nécessité de notre nature, et ils s'y résignent ; mais on dirait que la douleur morale les surprend, les étonne toujours. Pénétrant souvent dans le vif de l'amour-propre, elle sape les forces et les détruit rapidement. Qui donc peut ignorer que l'inquiétude est la sœur fatale du génie, que Dieu seul se complaît éternellement dans son œuvre, et qu'il est aussi impossible de créer sans souci ni douleur morale que de ne point mourir. Il y a toujours un endroit faible par où pénètre profondément cette douleur. La satire du poète Churchill, *The Apology*, hâta, dit-on, la fin de Hogard, atteint d'un anévrisme au cœur. On a vu d'Alembert supporter sans se plaindre les atroces douleurs d'un calcul dans la vessie, et l'infidélité de Mlle de Lespinasse a été le tourment de sa vie. Son médecin, le célèbre Barthez, consentit, à l'âge de cinq ans, à l'extirpation d'une phalange de la main gauche, à condition qu'on ne gênerait plus son goût effréné pour la lecture : cependant une critique faite, dans le *Journal de Paris*, sur les *Elémens de la science de l'homme* lui resta sur le cœur jusqu'à la seconde édition de son livre, c'est-à-dire pendant près de trente ans. Enfin, je finirai par un exemple assez récent : Luce de Lancival, littérateur distingué, fut atteint, en 1790, d'un mal de jambe qui nécessita l'amputation. Il paria un dîner à Saint-Cloud qu'il souffrirait l'opération sans jeter le moindre cri. Il la supporta, en effet, avec la plus admirable constance ; au dernier coup de scie qui abattit le membre, il dit froidement : *J'ai gagné mon dîner*. Eh ! bien , ce même Luce de Lancival était presque au désespoir par les critiques du célèbre Geoffroy ; il fit tout ce qu'il put pour s'en venger. »

(**M. Réveillé-Parise.** *Physiologie*, etc.)

(Note 23, page 27.)

Tu t'es flatté trop tôt d'un triomphe à venir ;
Il faut compter dix ans avant de l'obtenir.

« Une remarque assez pénible, c'est qu'il faut au moins huit ou dix ans pour faire un comédien supportable. »

(***Manuel théâtral.***)

« C'est au bout de vingt ans (il faut au moins cet espace de temps) qu'une personne destinée à avoir un beau talent peut enfin offrir au public des rôles, à peu de chose près, parfaitement conçus et joués dans toutes leurs parties. »

(Talma. *Mémoires de Lekain.*)

« Dans la carrière dramatique, ce sont toujours les dernières années qui assurent la réputation des acteurs : Monvel et Talma l'ont prouvé ; tant il est vrai que l'art dramatique exige une longue connaissance du monde et du cœur humain. Le théâtre n'est autre chose que la représentation des caractères, des passions, des ridicules qui sont mis en action. Pour les peindre avec vérité, il faut les bien connaître : cette science est évidemment le fruit des années. »

(M*me* veuve Talma. *Études sur l'art théâtral.*)

Je n'ai donc point exagéré en avançant qu'il fallait compter dix ans avant d'obtenir un véritable succès. Il y a sans doute des exceptions parmi lesquelles nous remarquons d'abord *Henri Monnier* qui eut au Vaudeville, dès ses débuts, un succès des plus brillans. Il est à regretter, pour le public, que cet estimable artiste n'ait jamais pu s'habituer à l'atmosphère des coulisses.

Et *M*lle *Rachel* dont le talent est d'autant plus prodigieux qu'il brille par des qualités qui d'ordinaire ne se font remarquer chez l'artiste dramatique que dans un âge avancé. Mais, je le répète, ce sont là des exceptions.

(Note 24, page 27.)

Oh ! non. De tristes jours et de plus longues nuits
Pourraient nous attester ses travaux, ses ennuis;

« Le temps, le travail, une grande puissance d'attention sont des conditions indispensables pour obtenir une juste célébrité. Il faut savoir attendre et souffrir ; car, en général, le présent est dur aux hommes taillés pour la postérité.

» Que n'a pas fait Démosthènes pour devenir le prince des orateurs ? Virgile mit onze ans à composer son *Énéide* et la jugea indigne de voir le jour. Newton n'a expliqué le système de l'univers qu'*en y pensant toujours ;* il employa trente ans à faire ses expériences d'optique. Keppler recommença d'immenses calculs pour trouver une erreur ; son inquiétude fut telle qu'il craignait d'en perdre la tête. Michel-Ange étudia, dit-on, pendant douze ans, le scapel à la main, les muscles du corps humain. Le livre d'Harvey, *Exercitat. de motu cordis,* où il démontra sa grande découverte de la circulation du sang, lui coûta vingt-six ans de travail. Pascal a refait jusqu'à dix fois des morceaux que tout autre eût trouvés admirables dès la première. Buffon a passé, de son aveu, cinquante ans à son bureau ; on sait qu'il écrivit dix-huit fois, de sa main, ses *Époques de la nature.* Malgré sa prodigieuse facilité, Voltaire ne perdait pas un instant : toujours au travail, tel était sa devise. Si Montesquieu a retrouvé les titres du genre humain, c'est au prix des plus grands travaux ; il mit vingt-cinq ans à composer son *Esprit des lois......* Voilà les triomphes de la sublime folie de la gloire. »

(M. Réveillé-Parise. *Physiologie*, etc.)

(Note 25, page 30.)

Il livre sa personne aux regards du public ;

« L'orateur, le prédicateur, pourra-t-on dire encore, paient de leur personne ainsi que le comédien. La différence est très grande. Quand l'orateur se montre, c'est pour parler, et non pour se donner en spectacle : il ne représente que lui-même, il ne fait que son propre rôle, ne parle qu'en son propre nom, ne dit ou ne doit dire que ce qu'il pense. L'homme et le personnage étant le même être, il est à sa place ; il est dans le cas de tout autre citoyen qui remplit les fonctions de son état. Mais un comédien sur la scène, étalant d'autres sentimens que les siens, ne disant que ce qu'on lui fait dire, représentant souvent un être chimérique, s'anéantit, pour ainsi dire, s'annulle avec son héros ; et, dans cet oubli de l'homme, s'il en reste quelque chose, c'est pour être le jouet des spectateurs. »

(J.-J. Rousseau. *Lettre à d'Alembert.*)

(Note 26, page 31.)

Qu'un acteur, par état, brave avec impudence
La dignité de l'homme et son indépendance ?

« Qu'est-ce que la profession du comédien ? dit Rousseau, un métier par lequel il se donne en représentation pour de l'argent, se soumet à l'ignominie et aux affronts qu'on achète le droit de lui faire, et met publiquement sa personne en vente. »

(Lettre à d'Alembert.)

(Note 27, page 33.)

C'est celui qui, par goût, par amour, se résigne
A prendre au sérieux l'art du comédien,
Et qui, cherchant le *mieux*, même en touchant le *bien*,

Dans de petits détails que l'artiste apprécie,

Sait se montrer soigneux jusqu'à la minutie.

Talma disait, en parlant de la patience et des soins qu'il apportait dans les plus petits détails de son jeu : « Eh ! mon Dieu ! il en est de même dans tous les arts. Cette draperie au fond d'un tableau, ce simple accessoire sur lequel l'œil passe en courant, précisément parce que l'étoffe est naturelle et les plis vrais, cette draperie, pour l'amener à ce degré de perfection, combien a-t-elle coûté de veilles et d'essais ! Vous connaissez l'anecdote de ce financier qui disait à un peintre : « Quoi ! dix louis pour un arbre « fait en deux heures ! — Non, monsieur, répondit celui-ci, mais « dix louis, prix de dix ans qu'il m'a fallu pour apprendre à le faire « en deux heures. »

(Note 28, page 38.)

C'est un petit toutou que ce gros animal,

Il mord, mord tant qu'il peut, mais ne fait pas de mal.

« Ce ne sont pas les critiques injustes, plates ou violentes, qui font beaucoup de mal ; les éloges prodigués sans discernement sont bien plus nuisibles. »   (Grimm.)

(Note 29, page 39.)

Un beau jour se présente à toi le chef illustre,
Le fier centurion des chevaliers du lustre.

On sait qu'on appelle indistinctement *Chevaliers du lustre* ou *Romains* les claqueurs dont nos théâtres sont infectés.

L'art de la claque, né de celui de la flatterie, remonte au berceau du genre humain ; car c'est en applaudissant à la beauté d'Eve que le démon triompha d'elle. Néanmoins les premiers claqueurs organisés ne paraissent que sous les Romains. Les Grecs avaient des juges qui, dans les combats des talens, décidaient de la victoire et étaient chargés d'imposer silence au public ; ils portaient des baguettes pour attribut, ce qui les avait fait nommer *Mastigophores* ou *Critæ*, d'où est venu le mot *critique*. Toutefois, les efforts de ces espèces de commissaires de police étaient souvent insuffisans, et leur présence n'empêchait pas les spectateurs de témoigner leur mécontentement ou leur approbation. Les uns jetaient des cris de joie en sautant sur leurs sièges ; les autres frappaient des mains et secouaient leurs robes. A Rome, les bravos se distribuaient à peu près de la même manière : on applaudissait aussi en se levant et en portant les deux mains à la bouche et en les avançant vers ceux qu'on voulait applaudir ;

quelquefois on croisait les pouces en joignant et élevant les mains, ce qui devait nécessairement faire moins de bruit. Auguste mêlait ses acclamations à celles de la multitude et donnait des gratifications considérables aux bons acteurs ; c'est à lui que les comédiens romains durent l'abolition du droit que les préteurs et les édiles s'étaient arrogé de condamner au fouet ceux qui avaient mal joué leurs rôles! Que de gens fouettés à Paris, si un pareil usage s'y était introduit! A cet égard, Caligula punissait lui-même ceux qui lui déplaisaient. Bien plus, lorsque le fameux pantomime Mnester, l'un de ses acteurs favoris, était en scène, l'empereur exigeait le plus profond silence, et s'il croyait entendre quelque bruit, il s'en faisait amener l'auteur, véritable ou supposé, et le flagellait de sa propre main en plein spectacle.

Déjà du temps de Plaute, des claqueurs s'étaient fait remarquer. Mercure dit au public dans le prologue d'Amphitryon : « Voici
» maintenant ce que Jupiter m'a chargé de vous demander : Il faut
» que des inspecteurs, à chacun des gradins, surveillent dans toute
» l'enceinte des spectateurs. S'ils voient une cabale montée, qu'ils
» saisissent ici même les toges des cabaleurs pour cautionnement. Si
» quelqu'un a sollicité la palme pour des acteurs ou pour tout autre
» artiste, soit par des missives ou soit par ses démarches person-
» nelles, soit par des intermédiaires ; ou si les édiles eux-mêmes
» prévariquent dans leur jugement, Jupiter ordonne qu'on pour-
» suive les délinquans, comme ceux qui cabalent dans les élections
» pour eux-mêmes ou au profit des autres. Il prétend en effet que
» c'est à la vertu que vous devez vos succès, et non à l'intrigue, à
» la mauvaise foi. Pourquoi donc un comédien ne serait-il pas soumis
» aux mêmes lois que les plus grands citoyens! Il faut se recom—

» mander par son mérite, sans cabale. On a toujours assez
» d'appui quand on remplit bien son devoir, pourvu qu'on trouve
» des juges consciencieux.

» Encore une autre ordonnance de Jupiter : Qu'il y ait aussi des
» surveillans auprès des acteurs ; et si quelques uns s'avisent de
» poster des amis pour les applaudir ou pour nuire à leurs rivaux,
» qu'on leur enlève leur costume, et même aussi la peau sur les
» épaules. »

Cependant, les chevaliers du lustre ne doivent dater leur établissement que du règne de Néron. Tacite et Suétone nous apprennent que cet empereur créa le corps des *Augustans*, dont les fonctions consistaient à applaudir lorsque le souverain chantait sur le théâtre; ces chevaliers ne se contentaient pas de claquer, ils criaient à César : *Que vous êtes beau ! vous êtes Auguste ! vous êtes Apollon ! vous êtes Sythien ! il n'y a personne qui puisse vous vaincre !* pendant ce temps, Burrhus et Sénèque faisaient signe aux spectateurs de partager l'enthousiasme des claqueurs patentés.

> Tandis que des soldats de momens en momens,
> Arrachaient *du public* les applaudissemens.

Les chefs de ces claqueurs recevaient jusqu'à quatre cent mille sesterces d'appointemens ; environ quatre-vingt mille francs. En outre, il y avait toujours auprès de Néron un maître de chant qui l'avertissait d'épargner ses poumons et de mettre un linge devant sa bouche. En un mot, cet empereur-artiste réglait sa haine ou son amitié sur le plus ou moins de louanges qu'on donnait à son talent. Sans être des Nérons, beaucoup d'acteurs n'en agissent pas autrement à l'égard de ceux qui jugent de leur mérite. Bien différent de son prédécesseur, Galba défendit aux soldats d'applaudir au spectacle, et leur donna pour consigne de tenir leurs mains sous leurs vêtemens. Ah ! si quelque Galba administratif pouvait prescrire à nos claqueurs de tenir les mains dans leurs poches !

(Note 30, page 40.)

Ces êtres turbulens, dangereux et stupides,

Dangereux : l'on a vu trop de fois les claqueurs frapper à coups de poing les honnêtes spectateurs du parterre qui n'avaient pas le bonheur d'être de leur avis.

Stupides : la façon dont ils font leur métier en dit assez. Je vais à ce propos raconter ici une anecdote qui me concerne. On sait que, dans leur empressement, les claqueurs ont souvent la stupidité d'accueillir par leurs bravos des mots qu'on a à peine achevé de prononcer. Un jour, je m'amusai à faire semblant de dire un certain mot qu'ils avaient l'habitude d'applaudir et les claques se firent entendre comme à l'ordinaire. Je prononçai le mot ensuite et un geste fit apercevoir au public la maladresse de ces messieurs. Le chef vint me trouver après la pièce et me dit :

Soyez juste, monsieur, ce n'est pas nous, ce soir, qui avons applaudi trop tôt, c'est vous qui avez dit le mot trop tard.

(Note 31, page 41.)

Que par analogie on leur applique au moins
La loi qui de prison punit les faux témoins.

Un vieux poète académicien, Jean-Ogier de Gombaud, a dit :

>Quiconque d'un mauvais ouvrage
>Ose rendre un bon témoignage,
>Fait l'office d'un faux témoin.

(Note 32, page 42.)

Pourquoi par des sifflets ne sait-on pas punir

Ceux qui, perpétuant l'usage qu'on déplore,

Du bon sens du public osent douter encore!

Si le public voulait enfin se débarrasser des claqueurs, j'aurais un moyen infaillible à lui proposer, ce serait de siffler toutes les fois que ces Messieurs s'avisent d'applaudir, je suis bien persuadé qu'alors ceux qui les emploient y regarderaient à deux fois avant d'òser faire fonctionner ces insolentes machines.

Si l'on m'objecte que siffler n'est pas de bon ton, j'ajouterai à cette observation ce que j'ai lu dans le *Dictionnaire théâtral* au mot: CHUT. « Un algébriste a exprimé ainsi qu'il suit les rapports de ce bruit désapprobateur avec celui du sifflet: un chut naturel égale un demi-sifflet; un chut, fortement articulé et capable d'imposer silence aux cabaleurs, égale tous les sifflets du monde. »

(Note 33, page 42.)

Mais madame Saint-Ange est moins fière que vous,

« Ceux qui se *recommandent* sont *soignés* conformément au tarif, dont les prix varient selon le plus ou moins d'importance du service. Il en coûte, par exemple, beaucoup plus cher pour être applaudi en entrant et en sortant, que si l'on ne veut l'être que pendant le débit d'un rôle. Lorsqu'une débutante est applaudie à son apparition en scène et chutée lorsqu'elle la quitte, il faut en conclure qu'elle s'est recommandée pour l'entrée seulement. Les hommes de l'*art* appellent ces sortes d'ovations : *faire une entrée, faire une sortie.* »   (*Mémoires d'un claqueur.*)

« Un acteur qui veut être aimé du public et estimé des connaisseurs, travaille avec courage et se *soigne*, il n'a pas besoin d'être *soigné* au parterre. »   (*Dictionnaire théâtral.*)

(Note 34, page 42.)

Où nous devons doubler et nos cris et nos pleurs,

« Depuis que nos théâtres se sont déclarés en faveur du genre lacrymal, ils ne négligent aucune occasion de *soigner* la réussite des mimodrames qu'ils offrent à l'admiration du public. Parmi les moyens qu'ils mettent en œuvre, il ne faut pas oublier les *dames-claque*. Il y a quelque temps que l'une des plus sensibles fut mandée par un révérend père noble et une ci-devant jeune première, qui lui promirent cent francs si elle voulait sangloter au second acte de la pièce nouvelle, pleurer au quatrième, et se trouver mal au dénoûment; le tout d'une manière ostensible, afin que les journalistes pussent le lendemain relater le fait dans leurs feuilles. La proposition était trop avantageuse pour ne pas être acceptée; il fut convenu, en outre, qu'on surveillerait du fond d'une loge la conduite de la *compéresse*, placée au milieu de la première galerie. Les choses furent d'abord comme on l'avait espéré : la *dame-claque* sanglotta au moment convenu, et lâcha, au quatrième acte, ses deux cataractes oculaires ; mais le public, prenant la pièce à revers, siffla avec tant d'unanimité, que force fut de baisser la toile avant la fin, incident qui empêcha l'évanouissement convenu. Malgré cela, notre affligée n'alla pas moins le lendemain réclamer la somme promise; on ne voulut lui en compter que la moitié, attendu qu'elle ne s'était point évanouie. «Ce » n'est pas ma faute, répondit-elle, j'avais pris tous mes arrange- » mens pour cela, et si vous refusez de me solder entièrement, je » vous promets que je divulguerai notre marché, à mes risques et » périls.» Cette menace, faite d'un ton décidé, intimida les inventeurs de la scène tragi-comique, et les cent francs furent payés comme si l'évanouissement s'était effectué. Si l'on nous demande comment nous avons su cette aventure, nous répondrons que c'est le secret de la comédie.»

(*Mémoires d'un Claqueur*, note.)

(Note 35, page 42.)

Puis la redemander, et lui jeter des fleurs;

Le jour de la première représentation d'un drame, le claqueur en chef vint trouver mon camarade L....., et lui dit : Nous devons ce soir redemander Mme ***, voulez-vous que nous vous redemandions aussi, cela ne nous coûtera pas davantage? — L..... refusa les bons offices de ces messieurs. En effet, le soir, après la pièce, Mme *** fut seule redemandée.

(Note 36, page 43.)

. . . . mais vos dédains rejettent
Ce qu'avec joie ici tant d'autres nous achètent;

Une charge de claqueur en chef se vend de la main à la main et est regardée comme une propriété plus incommutable que celle des auteurs. Voici ce qu'on lisait au mois de janvier 1837, dans la *Gazette des Tribunaux :*

« Un M. Cochet qui, dans le bilan déposé par lui, au greffe du Tribunal de commerce, prend la triple qualité d'ancien loueur de voitures, de fabricant de masques et de limonadier, prétend avoir acheté pour 20,000 fr. l'entreprise des succès dramatiques au théâtre du.......... et n'avoir plus à recevoir pour cet objet, pendant quatre ans et trois mois, que les bénéfices qu'il évalue à 550 fr. par mois, soit, pour cinquante et un mois, 33,150 fr. A l'appui de son assertion, il a produit le document suivant qui nous a paru assez curieux pour que nous ayons voulu le faire connaître à nos lecteurs :

» Entre les soussignés, etc.,

» Le directeur du théâtre...., concède et abandonne sous toute garantie, à partir du....., à M. X....., qui l'accepte,

» *L'entreprise générale du succès* des pièces qui seront représentées pendant ledit laps de temps sur ledit théâtre, ensemble tous les avantages et droits attachés à ladite entreprise, consistant, savoir :

» 1° Dans ses entrées gratuites et celles de deux de ses employés, pendant toute la durée de ladite entreprise ;

» 2° Dans la remise de quatre billets de parterre par chaque pièce qui sera représentée tous les jours, donnés par les auteurs et garantis par l'administration, étant convenu que le nombre des billets ne pourra être moindre de douze, qu'il vendra pour son compte à qui bon lui semblera ;

» 3° Et dans la remise qui lui sera faite également de vingt-cinq billets de parterre, six d'amphithéâtre, qu'il pourra employer *pour le succès de son entreprise*, de la manière et ainsi qu'il avisera ;

» La présente concession est faite aux charges, clauses et conditions suivantes, que ledit sieur X..... promet et s'oblige d'exécuter et d'accomplir ;

» 1° *De faire ce qui dépendra de lui pour assurer le succès des pièces nouvelles* qui seront représentées sur le théâtre, pendant toute la durée de son entreprise ;

» 2° De se conformer en tous points aux usages établis par l'administration ; en conséquence, de venir tous les jours, à quatre heures de relevée, auprès de ladite administration, *pour prendre les instructions nécessaires qui lui seront données pour la soirée* ;

» 3° D'assister aux répétitions générales de nouvelles pièces, pour s'entendre avec le directeur *sur la conduite qu'il aura à tenir lors de la représentation desdites pièces* ;

» 4° *De protéger* les débuts des acteurs et actrices qui seront admis par l'administration, et *de soutenir* ceux ou celles qui lui seront désignés ;

» 5° D'employer dans son service des personnes *convenablement vêtues;*

» 6° Et enfin, de payer au directeur la somme de 20,000 fr. pour toute la durée de son entreprise. De son côté, le directeur s'oblige de maintenir ledit sieur X... dans ses fonctions auprès des nouveaux directeurs, dans le cas où il viendrait à céder sa direction.

» De ne pouvoir le changer sous aucun prétexte, sans être tenu au remboursement de ladite somme de 20,000 fr. pourvu qu'il remplisse les conditions qui lui sont imposées.

» De lui assurer, lors des premières représentations des ouvrages nouveaux en trois actes, la *totalité des parterres*, et **100** à **120** *billets* pour les autres pièces de un à trois actes, et de se conformer aux usages pour les deux représentations qui suivront la première desdites pièces.

» *De ne pouvoir exercer aucune réclamation contre lui, pour raison de non succès des ouvrages représentés sur le théâtre, à moins qu'il ne soit prouvé qu'il y ait faute ou mauvaise gestion du sieur X....»*

Dans un procès entre ce même Cochet et le directeur de l'un de nos petits théâtres, une circonstance curieuse a été révélée à l'audience. Il résulte d'un relevé de l'administration des hospices, que M. Cochet a, pendant les trois ou quatre années de son traité, gagné 163,000 francs!

(Note 37, page 44.)

Et souvent, dans l'élan qui va l'électriser,
Son interlocuteur vient le paraliser.

« Les gens du monde ne peuvent avoir une juste idée de l'influence perfide d'un médiocre partenaire sur un excellent comédien. Celui-ci a conçu grandement, mais il sera forcé de renoncer à son modèle idéal pour se mettre au niveau du pauvre diable avec qui il est en scène. Il se passe alors d'étude, et de bon jugement. Celui qui parle abaisse le ton de son interlocuteur. Le fort élèvera rarement le faible à sa hauteur ; mais de réflexion il descendra à sa petitesse. Et sait-on l'objet de ses répétitions multipliées ? C'est d'établir une balance entre les talens divers des acteurs, de manière qu'il en résulte une action générale qui soit une ; et, lorsque l'orgueil de l'un d'entre eux se refuse à cette balance, c'est toujours au dépens de la perfection du tout, au détriment de notre plaisir ; car il est rare que l'excellence d'un seul nous dédommage de la médiocrité des autres qu'elle fait ressortir. »

(Diderot. *Paradoxe sur le comédien.*)

(Note 38, page 46.)

Plus d'une fois, en fait d'indispositions,
Le public méfiant suppose qu'on le triche,
Et toutes, cependant, ne sont pas sur l'affiche!

« Placez-vous au parterre et figurez-vous l'auteur du *Misanthrope*, frappé à mort, qui vient tout exprès sur ce théâtre pour vous faire rire une dernière fois. Le matin même il a craché le sang, sa poitrine est brûlante, sa gorge est sèche, son pouls est agité par la fièvre; il donnerait sa meilleure comédie pour rester au lit à attendre la mort. Mais non! il faut que celui-là meure debout, le fard à la joue, le sourire sur les lèvres. En vain ses amis veulent qu'on fasse relâche. — « Laissez-moi, leur dit-il;
» il y a là cinquante pauvres ouvriers qui n'ont que leur journée
» pour vivre : que feront-ils si je ne joue pas? » Il paraît donc, et à sa vue, sans se douter de ses tortures, cet affreux parterre se met à rire. Quoi donc? On bat des mains, on applaudit on trouve que Molière n'a jamais mieux joué. En effet, regardez comme il est pâle! le feu de la fièvre est dans ses yeux! Ses mains tremblent et se crispent! Ses jambes refusent tout service! A le voir, ainsi plié en deux, la tête enveloppée d'un bonnet et affaissé dans ses coussins, ne diriez-vous pas d'un malade véritable? N'est-

ce pas qu'il est amusant à voir ainsi ? Ris donc parterre, ris donc, c'est bien le cas ou jamais ; car au milieu de tes éclats de rire cet homme se meurt. Pour ton demi petit écu tu vas voir expirer devant toi le plus grand poète du monde ! Jamais les empereurs romains, dans toute leur féroce puissance, n'ont assisté à une pareille hécatombe. »

(J. J. *Feuilleton du Journal des Débats du 20 janvier* 1840.)

(Note 39, page 46.)

De l'inspiration à l'heure bien précise.

C'est encore une des misères du comédien. Il faut qu'il ait de l'inspiration à l'heure indiquée par l'affiche. Et notez que le soir est précisément l'instant de la journée où le corps et l'esprit sont absorbés ; où l'imagination de l'artiste est en général frappée d'incapacité. Le soir semble commander le repos à tous ceux qui se livrent aux travaux de l'esprit.

« L'influence de la lumière et de la chaleur solaire était surtout très remarquable sur l'auteur de *Gil Blas*, à une époque avancée de sa vie. Il s'animait par degrés, à mesure que le soleil approchait du méridien ; il semblait avoir conservé la gaîté, l'urbanité de ses beaux ans, la vivacité de son imagination ; mais au déclin du jour, l'activité de son esprit et de ses sens diminuait graduellement, et il tombait bientôt dans une sorte de léthargie qui durait jusqu'au lendemain.» (*Biographie Universelle*, article Lesage.)

« Faire une minutieuse anatomie du temps, établir pour chacune des mille quatre cent quarante minutes de la journée une sorte de comptabilité de faits, de pensées, d'émotions, de sensations, c'est faire de son existence une mécanique.» — Eh ! bien, cette existence est forcément celle du comédien.

M. Réveillé-Parise nous dit dans sa *Physiologie* : « Le génie ne produit que par vives et impétueuses saillies, par une furie de première inspiration. Vous le comprimez, vous l'étouffez sous le niveau de plomb d'une coutume journalière, comme sous les lois stupéfiantes d'une théorie conventionnelle. Que chacun se livre donc au travail selon son goût particulier, la disposition de son esprit, l'état de sa tête, de son estomac, l'inspiration du moment, qui dirige si bien la plume et le pinceau. Il est à cet égard, parmi les penseurs, d'étonnantes variétés. Les uns poursuivent leurs idées à outrance, d'autres les prennent quand elles viennent ; il en est qui travaillent d'une façon plutôt que de telle autre. Paul Maurice, savant du seizième siècle, composait partout, mais il laissait une distance de quatre doigts d'une ligne à l'autre, pour remplir cet espace d'autres mots s'il en trouvait de meilleurs que les premiers. Montaigne s'enfermait dans une vieille tour « pour » y digérer librement à loisir ses pensées.» Rousseau herborisait ; c'est en se *meublant la tête de foin*, comme il le dit, qu'il méditait le plus profondément. Montesquieu, au contraire, jetait les bases de l'*Esprit des Lois*, au fond d'une chaise de poste. Milton com-

posait la nuit, ou bien dans un grand fauteuil, la tête renversée en arrière. Bossuet se mettait dans une chambre froide et la tête chaudement enveloppée. Lorsque Fox avait fait quelques excès de table et qu'il se retirait dans son cabinet, il s'enveloppait la tête d'une serviette trempée d'eau et de vinaigre, et il travaillait quelquefois dix heures de suite. On assure que Schiller composait en se mettant les pieds dans la glace. Maturin, l'auteur de *Bertram*, de *Melmoth*, se retirait du monde pour composer ; quand l'inspiration le saisissait, il plaçait, dit-on, un pain à cacheter entre ses deux sourcils, et ses domestiques, avertis par ce signe, n'approchaient pas de lui. Jérémie Bentham jetait ses idées sur des petits carrés de papier qu'il enfilait les uns à côté des autres, et ces longues broches de notes étaient la forme première de son manuscrit. Linné, à peu de chose près, avait adopté le même genre de composition. Napoléon, lui-même, avait son mode particulier de méditation et de travail. « Quand il n'y avait pas de conseil, il
» restait dans son cabinet, causait avec moi, chantait toujours,
» coupait, selon son habitude, le bras de son fauteuil, avait quel-
» quefois l'air d'un grand enfant ; puis, se réveillant tout-à-
» coup, indiquait le plan d'un monument à ériger, ou dictait de
» ces choses immenses qui ont étonné ou épouvanté le monde.
» (*Mémoires de Bourrienne*, t. 3, p. 131.)

» Newton expliquait ainsi son mode de travail : « Je tiens, di-
» sait-il, le sujet de ma recherche constamment devant moi ; j'at-
» tends que les premières lueurs commencent à s'ouvrir lentement
» et peu à peu, jusqu'à se changer en une clarté pleine et entière. »
C'était là ce qu'il appelait sa pensée *patiente*. Selon Walter Scott, cinq ou six heures de travail d'esprit sont une tâche raisonnable, quand il s'agit d'une composition originale ; tout ce que l'intelli-

gence produit au delà ne vaut pas grand'chose. Ce grand écrivain attribuait la maladie dont il mourut, au travail forcé auquel il se condamna après sa catastrophe financière.

» Parmi les peintres, on trouve que Léonard de Vinci travaillait quelquefois à son beau tableau de la Cène avec tant d'assiduité, qu'il oubliait jusqu'au soin de se nourrir ; puis il restait plusieurs jours sans le regarder : d'autres fois, il donnait en hâte deux ou trois coups de pinceau aux têtes, et il s'en allait sur-le-champ. Guido Remi peignait avec une sorte de pompe : il était alors vêtu magnifiquement, et ses élèves, rangés autour de lui, le servaient dans un respectueux silence. Teniers, fils de David Teniers, ne faisait que le soir une sorte de petits tableaux qu'on appelle des *après-soupers.*

» Les musiciens ont à cet égard une originalité bien connue. Les uns ne composent que dans le silence et l'obscurité, comme Sarti. Cimarosa recherchait le bruit et l'éclat ; Paësiello ne s'inspirait qu'enseveli dans ses couvertures ; c'est là, qu'ennemi déclaré des théories, il s'écriait : « Sainte Vierge, obtenez-moi la grace d'oublier que je suis musicien ! » Il fallait à Sacchini les jeux et les gambades de jeunes chats autour de lui, etc. Ces exemples seraient infinis. Toujours est-il que la règle est la même, qu'il faut s'en tenir à ses habitudes particulières ; en un mot, travailler à son gré, à son aise, à son heure. »

Ces sages observations, soumises aux hommes de lettres, aux artistes, les comédiens, hélas ! ne peuvent en profiter, car ne faut-il pas qu'ils aient *de l'inspiration à l'heure bien précise ?*

(Note 40, page 47.)

Par ordre du public, CHANTA *la Marseillaise !!!*

Ce fait est connu ; beaucoup de témoins peuvent l'attester. On donnait ce soir-là *le Siége de Toulon*. Arrivé à ce vers de la Marseillaise :

> Épargnez ces tristes victimes,

Elleviou ne put continuer ; il chancela ; on fut obligé de l'emporter dans la coulisse.

Ce fait n'a sans doute pas été étranger à la cause de la retraite prématurée de ce grand artiste.

———

(Note 41, page 50.)

Adieu de ton public le bienveillant appui !
On perd sa sympathie en s'éloignant de lui ;

Rien ne nous accompagne en notre solitude,

Rien, que le sentiment de son ingratitude !

« Le public abandonne en un moment ceux qui ont été longtemps ses plus chers favoris. Son enthousiasme pour les talens va quelquefois jusqu'à l'idolâtrie, mais jamais jusqu'à la reconnaissance. » (*Dictionnaire théâtral.*)

(Note 42, page 51.)

Et la mort dans sa tombe ensevelit sa gloire!

« C'est surtout pour les acteurs que la gloire est une fumée. Les comédiens ne laissent après eux aucune trace de leur talent ; le souvenir qu'ils lèguent aux amateurs est bientôt éteint ; le temps en diminue de jour en jour le brillant prestige. Peu de noms sont venus jusqu'à nous pour témoigner de la gloire de ceux qui les ont portés. Les acteurs n'ont pas d'avenir. Cet oubli, dans lequel ils tombent après leur retraite ou leur mort, est un motif de découragement qui n'a de compensation que dans les bravos et les éloges de tous les jours qu'ils recueillent pendant leur vie. C'est pour eux l'escompte de la gloire. »

(*Dictionnaire théâtral.*)

(Note 43, page 52.)

Mais je hais le théâtre et tout son entourage;
De trop de sots jaloux on y subit l'outrage;

Pourquoi faut-il que la jalousie, la haine soient en général dans l'ame des artistes, des poètes, des savans, des hommes enfin qui, par la raison même qu'ils se livrent à un travail intellectuel, sembleraient devoir apprendre avant tout à ne point s'abandonner à ces vices affreux. L'histoire de leurs misères est triste à connaître. L'envie qui les anime les a souvent portés même aux plus grands crimes. Chez les acteurs il est à remarquer qu'il n'en est pas tout à fait ainsi. Leurs petites passions ne font que pitié. Tout est sottise dans leur orgueil; tout est bas, misérable dans leurs calomnies, leurs vengeances. La vanité blessée chez eux par ce qu'ils appellent *le bonheur* d'un rival ne leur inspire rien d'absolument cruel; mais il y a dans les manœuvres qu'ils mettent en jeu pour nuire à *un heureux camarade*, quelque chose d'insipide, qui fatigue, et qui met le plus profond dégoût dans l'ame de celui qui se trouve en butte à toutes ces pauvres intrigues, ou qui même ne fait que les observer.

On a dit que les comédiens avaient le plus aveugle, le plus niais, le plus sot et le plus féroce amour-propre du monde. Le plus aveugle, le plus niais, le plus sot, oui ; mais le plus féroce, non. L'amour-propre et la jalousie des acteurs n'enfantent que le ridicule ; mais c'est trop souvent chez les autres classes d'artistes que la haine va jusqu'à la férocité. L'impossibilité d'empêcher le suffrage immédiat que le public accorde à l'acteur de talent, est sans doute pour beaucoup dans la résignation des comédiens envieux. La jalousie qui les dévore est souvent impuissante pour faire le mal, pour mettre obstacle à la réputation de leurs rivaux. Il n'en est pas de même chez les peintres, les statuaires dont les œuvres ne peuvent être aussi promptement appréciées, et qui, par cela même, ont beaucoup plus à souffrir de la prévoyante perfidie de leurs ennemis.

J'emprunterai une dernière page à M. Réveillé-Parise.

« En recherchant scrupuleusement, dit-il, les mobiles des passions qui agitent les gens de lettres, les artistes, les savans, on arrive presque toujours à cette conclusion, l'excessif désir d'être loué, dont le support est un immense amour-propre. Le philtre enivrant de la louange a bien souvent terni la pure auréole du génie. Les divisions, les querelles, les haines, les rivalités, les actions basses, les crimes même qui ont souillé la vie de quelques hommes distingués, n'ont pas d'autre source qu'un peu plus ou un peu moins d'encens. Ils sacrifient tout, leur santé, leur vie, quelquefois l'amitié, l'honneur même et la vertu pour un peu de cette *âcre fumée de la gloire qui fait verser des larmes*, comme dit Rousseau. Le désir de s'enrichir, même aujourd'hui, dans ce siècle de lucre et d'égoïsme, n'est vraiment qu'en seconde ligne. Aussi combien ont fait de leur talent, l'ignoble instrument de leurs passions! combien ont prêté leur génie à la haine qui les dévorait! combien ont pris l'envie pour leur Minerve ! Les plus dignes de nos hommages n'ont pas toujours été exempts de certaines faiblesses : il n'y a pas d'astres sans taches. Bacon fut un magistrat vénal, un ami perfide et un lâche courtisan. Le cardinal Beausset remarque que Bossuet ayant une sorte d'acharnement à attaquer Mme Guyon, à cause de Fénélon, fut entraîné à se montrer homme une fois en sa vie. Le grand Corneille a souvent manifesté sa tristesse jalouse contre Racine. Quelquefois la rivalité pousse jusqu'au crime. Le peintre André del Castagno, Florentin, jaloux des succès de Dominique de Venise, attendit un soir son trop confiant ami, et le tua en trahison. L'infortuné Dominique était si loin de soupçonner l'auteur de sa blessure qu'il se fit transporter chez son ami André, et il expira dans ses bras ; la vérité ne fut connue que par la confession de l'assassin à son lit de mort. Le Titien, devenu jaloux de Bassan, son élève, le chassa de son école. Le poète Murtola, également jaloux de Marini, l'attend au coin d'une rue de Turin, et lui tire un coup de pistolet qui, heureusement, manqua ce poète. Plusieurs tableaux de Lesueur ont été secrètement déchirés par des peintres envieux de son talent. » Ces tristes exemples seraient nombreux ; mais je crois devoir borner là mes citations.

www.ingramcontent.com/pod-product-compliance
Lightning Source LLC
Chambersburg PA
CBHW071728090426
42738CB00011B/2419